私が望むことを私もわからないとき

見失った自分を探し出す人生の文章

チョン・スンファン 著
小笠原藤子 訳

プロローグ
ただそっと、寄り添ってくれるもの

私が本当に望むことは何か、今の生き方でいいのか、この先どう歩んでいけばいいのか。人生はひっきりなしに問いかけてきますが、その回答を自力で探すことは容易ではありません。


どうしていつも心寂しく、虚しいのだろう。

どうして人に会うことが、こんなにも疲れるのだろう。

どうして毎日頑張って生きていても、幸せになれないのだろう。

こうやって魂が抜けたみたいに生きるのが、果たして人生なのだろうか。

こんな問いが頭の中を巡るとき、疲れて何もしたくないのに、急に涙が溢れたりします。

それは答え探しに思い悩む暇もなく、疲れた体と心を労《いたわ》る余裕もなく、ただ目まぐるしい日々に押さえつけられていた感情が一気にこみ上げるからでしょう。

慌ただしい世の中と足並みを揃えて生きようとすると、知らないうちに憔悴し、心の片隅にぽっかり穴が開いてしまいます。それは、本来あるべき姿を見失ってしまったまま、歩んでいるからです。そうやって毎日押しつぶされそうになって生きていると、自分が本当に望むことが何かわからなくなり、何をしていても心が浮き立たず、誰に慰められても気が晴れません。一人でいたいくせに、一方では寂しさに打ちひしがれてしまうのです。

実は私も同じでした。そんなときは、いつも誰かがこんな言葉をくれたのです。「大丈夫。きっとうまくいく」「少しは元気出せよ。お前は十分強いから、乗り越えられるよ」。

もちろん慰めようとしてくれていたに違いありませんが、それでも人生は変わることなく、依然私の手に負えませんでした。特に強くなりたかったわけでも、寂しさに打ち勝つ力がもっと必要だったわけでもありません。これ以上努力したくもありませんでした。考えてみれば、人生の模様や方向は人それぞれなのに、私が進むべき道をわざわざ人に尋ね、自分に欠けた部分を誰かの何かで満たしてしまおうとすること自体が、そもそも間違いだったのです。

それでやっとわかってきたのは、ときには適切なアドバイスより、そっとそばにいてくれる方が、ずっと心に沁みるということです。ただ自分の心に向き合えるように見守ってくれることが、何よりもありがたいのです。

もしあなたも私と同じように思われるのなら、あなたに一冊の本、一節の文章に出会える時間を贈りたいと思います。私はこの七年間〈The Book Man〉という本紹介サイトを運営しながら、毎日のようにみなさんと良文を鑑賞してきました。フェイスブックやカカオストーリーなどを通し、様々な年齢層の方が、職業や性別に関係なく「心を代弁してくれている」と共感してくれました。

最初は単に私の心に響いたという理由でアップしていた文章でしたが、それに多くの方が共感してくださり、驚きました。逆に、その理由を知りたくなったくらいでした。でも冷静に考えてみると、私たちがつらいとき、本や文章こそが最も大きな慰めになると思い至ったのです。本は私たちに何も要求せず、見返りも求めず、ただそっと寄り添って、私たち自身の心の奥底を照らしてくれるのですから。

しかも本には、時空間を飛び越え、著者と読者の心を通わせてくれる役割もあります。私たちの目の前に押し迫る手強い現実を、私一人だけが経験するのではないと知ったとき、そしてこの世のどこかに、きっとその困難な状況を一緒に乗り切っている誰かがいると思えたとき、私たちは最大の慰めを得られるのでしょう。

本書には、私の心に響き、とても癒やされた、人生を語る文章を込めました。それは〈The Book Man〉を運営しながら、人々から多くの共感を得た文章でもあります。どうかこの本が、疲れて心細くなったあなたの気持ちに少しでも近づき、いつでも気楽に寄りかかって休めるオアシスとなりますように。また誰でも初めて歩む人生ですから、当然道に迷うこともあるでしょうが、あなたの行く道を照らしてくれる小さなホタルの光となれますように。

一文の持つ力で、あなたが心の温もりを取り戻し、あなたの傷が癒やされ、あなたを再び笑顔にし、誰よりも元気にあなただけの人生を歩んでいけますように。

もくじ

1章
誰かが自分を気にかけてくれているみたいで
私の感情と向き合う

2章 頑張れという言葉が慰めにならないとき

私の時間と向き合う

3章 自分のそばに置く人 距離をとる人

他者と向き合う

4章 自分らしく生きるために

私の世界と向き合う

本書の引用部分は、可能な限り原書及び日本で出版されている訳書を参照していますが、文脈により著者の意図を損ねることなく、読者が理解しやすいように意訳した箇所もあります。

1章

誰かが自分を気にかけてくれているみたいで

私の感情と向き合う

心の奥底から悲しい音が聞こえたら

呑気《のんき》と見える人々も、心の底を叩いて見ると、どこか悲しい音がする

夏目漱石の『吾輩は猫である』は、猫を主人公とした風刺小説である。名もない猫の視点で、人間社会を鋭くも愉快に描写している。私が特にこの一文を好む理由は、実は私たちも、何事もないかのように明るく振る舞いながらも、心のうちでは深い悲しみを抱えて生きていることが多いからだ。

そうやって抑え込んでいた悲しみは、特別なきっかけがなくても突然こみ上げてくる。会社帰りや食事中、就寝前などに、ふとそんな悲しい気分になる。私たちの日常はもともと喜怒哀楽が絶えず交錯しているが、楽しく嬉しい日より悲しくつらい日が多ければ、誰だって疲れてしまう。ありふれた幸せの代わりに、ありふれた不幸せで満たされていると

感じる人が少しずつ増えているという現実は、本当に悲しいことだ。

通りを歩いていて何気なく目に映った寒々しい木が、まるで自分のように思えたり、夜遅くに人気のない路地を歩いて虚しいと感じたなら、今のあなたは、ひょっとして癒やしを求めているのかもしれない。

もし不意にそんな悲しみに襲われるなら、私は心を癒やす方法を一つだけ知っている。それは、もっと悲しんでみることだ。一人きりになって椅子に座り本を広げ、心に響くストーリーや文章を探すのだ。文章が心に刺されば、自分でも気づかないうちに涙が流れるが、そんなときは心ほどけるまで思い切り泣けばいい。一人、感情の奥底まで降りて、そこにあるものと素直に向き合えばいいのだ。

もちろん、それですべての問題が解決するわけではない。ただ心はずっと軽くなり、元気が出てくる。詩人のチョン・ホスンは、そんな気分を「底について」という詩で、このように表現した。

底まで落ちた人々は言う
結局底は見えないと

底は見えないが
ただ底まで落ちていくものだと
落ちる所まで落ちればまた戻って来られると

底から力強く這い上がった人々は言う
これ以上底に足は着かないのだと
足が着かなくても
ただ底から這い上がってくるものだと

どん底まで行って戻って来た人々も言う
これ以上底はないと
底はないからあるものだと
見えないから見えるのだと
ただ底から這い上がってくるものだと

私たちの心の底、その奥底にある悲しみまで探し当て、慰めの言葉をかけられる人は多くない。それができる唯一の人間がいるとするなら、それは自分だけだ。もちろん私たちは、他の人からの慰めを切に求めるときもある。誰かにもたれ、悲しみを吐露したくて。しかし、ときにはその悲しみに向き合い、自分で自分を慰める必要もある。そんなときは本にある文章が私たちに寄り添い、手を差し伸べながら声をかけてくれる。自分の確かな気持ちだけを見つめてごらんと、私がそばにいてあげるからと。

正直こんな考えも、読書好きな私の個人的な趣向だと思っていたのだが、評論家のシン・ヒョンチョルの『悲しみを学ぶ悲しみ』を読み、その理由を確かめることができた。

文学は慰めではなく拷問だという言葉も正しいが、それでも時々文学に癒やされる理由は、それが苦痛とは何かを知っている者の言葉だからであり、苦痛を受ける人には、そのような人の言葉だけが真実味を帯びて聞こえるからである。

悲しみと苦痛の形態は多様で、慰め方もそれに合わせて異なる。自分を慰めてみることも大切だし、他の誰かに慰めてもらいたいときもある。つらいとき、心中を打ち明けられる友人がいれば尚いい。たとえその友人が、自分の気持ちを完全に理解してくれなくても、そうやって吐き出すこと自体で楽になれるから。また誰かの心を癒やそうとすることで、逆に私たちが慰められることもある。慰めとは結局、愛する人たちがお互いの心を交わす行為に他ならないから。心が込もった慰めなら、すべての心に寄り添い、労わることができる。

この世には数限りなく悲しみがあり、すべての人に慰めが必要だとしたら、それはもしかしたら人生の一番素敵な一面なのかもしれない。もし私たちに悲しみがなく、慰めも必要ないなら、自らの深い内面と向き合うことも、他人の悲しみを理解しようとする努力もしてこなかっただろうから。

工科大生の胸を震わせる詩の講義をしたことで有名なチョン・ジェチャン教授は、『詩を忘れた君へ』でこう語っている。

いくら頑張っても希望が見えないときがあり、絶望もできないほど絶望的な世の中もあるものだ。絶望もないなら、それこそ絶望的だ。悲しみもないなら、本当に大きな悲しみだ。このように希望が見えないとき、それならば自らが希望を作る人になれ、と詩人は語る。ないなら作ればいいというのは、この詩人の楽観的考えであり希望的観測である。こんな世の中で私たちが選ぶべき道は、愛以外にない。人を愛することだけが希望なのだ。希望を作る人を互いに愛することだけが希望なのだ。

「大丈夫」「うまくいく」「あまり心配しないで」。
目新しい表現ではないが、心が込もっていればこういう言葉も大きな慰めとなる。慰め方に正解はない。だが、だからこそ、私たちは自分の心と他者の心を理解しようと努力する。「私だけがそうではないんだ」「世の中のみんなに慰めが必要なんだ」ということを学びながら。

慰めてもらいたい。
どうすればこの悲しく寂しい心が癒やされるのか
考え込んでしまう、そんな日があります。
でもいつか見つけられるはずです。
本当に慰めが必要なとき
自分の心に沁み入る誰かの温もりを。

眠れぬ夜

なぜかすぐに寝付けない夜がある。疲れが溜まっていて気怠いのに、深夜零時を回り、一時、二時……。時間だけ確認しては、寝返りを打つ。夜が明ければ仕事は山積みなのに、眠れないから次第に不安だけが募っていく。

切なる願い事が叶う兆しが見えなかったり、未来を描けず途方に暮れていたり、人間関係に自信が持てなかったり、あるいは自尊心がひどく傷つけられ、他人の目に自分が情けなく映るのではと怯えたり、そんなときに不安な夜は訪れる。朝に再び目覚めるのが怖くて穏やかに眠りにつけず、ハラハラ気を揉みながらあらゆる心配を呼び起こしてしまうのだ。

不安を感じる理由は様々だ。しかも、万事うまくいっているときですら、不安で体中ががんじがらめにされることがある。今の幸せが崩れてしまったらどうしよう、という心の隙間に、不安は絶妙に深く入り込む。具体的な理由などなく、ただ見えない壁の前に立ちつくすような漠然とした気分、それがまさに不安の正体だ。世の中に全く不安を感じない人など、一人として存在しないだろう。それならば、私たちはこの不安をどう受け入れればいいのだろうか？　不安を完全に消滅させる方法はないのだろうか？　アラン・ド・ボトンの『不安』は、今日多くの人が経験する不安をこのように説明している。

私たちの本来の姿は、現在のものではなく他のものかもしれないという感覚、私たちと同等だと思っている人々が、私たちよりいい姿に見えるときに受けるその感覚、これこそが不安の源である。

以前と比べたら、ずっと豊かな生活を送っているにもかかわらず、時折不安が大きくなる理由はここにある。今手にしているものや、今の自分に満足してはいけない、将来を案じてさらに上を目指すべきだと、社会のあちこちで絶えずプレッシャーをかけられているから。豊かさの中にある貧困という言葉が、まさによく当てはまる。豊かになればなるほど自分より豊かな誰かと比較するようになり、自分のあら探しをしてしまうのが、今日の私たちの哀れな姿なのだ。

実際、私も同じような不安から自由になれずにいる。執筆活動と講演を通して大きな愛を受ける度に、「私が本当に人々を慰めたり、何かのインスピレーションを与えるなんてことができるのだろうか？」「私にそんな資格があるのだろうか？」または「今以上に一生懸命やるべきではないか？」という思いが、よく私を不安に追い込む。おそらく誰もが、他人のＳＮＳを見て羨んだり、一人取り残されたような憂鬱な気分になったりしたことがあるはずだ。あえて比較する必要がなく、心配する理由もないのに、常に誰かを意識して比べることで、どこまでも自分の不安を煽っている。

実際、不安自体は至って自然な感情である。誰でも将来何が起きるかわからないから、このままで本当に問題はないのか、自分が歩いているこの道は正しいのかと疑問に思うのは当然だろう。日々の生活で、何の不安も感じない瞬間などない。例えば十代では友人関係や学業成績で、二十代では恋愛問題や就職関係で、三十代では健康や結婚、育児に関して悩むように、人生のどこを切り取っても心配の種は存在する。一つ心配がなくなると、また別の心配が現れるものだ。そして明らかに特定できる対象がある恐怖とは異なり、明確な対象がなかったり、毎回その対象が変わったりする点がこの不安の特徴なのだ。

しかし問題は、不安なことをいちいち気にすることで、心配な状態が続いたり、新しい心配の種をわざわざ探し出して、自分の人生を苦しめてしまうことにある。では、こんなふうに不安の種が決して頭から消えてくれないとき、私たちはどうすればいいのだろうか？

> 自分がつまらない存在だと思うことで感じる不安に対する特効薬は、世界という大空間を旅行すること、それが不可能なら芸術作品を通じて世界を旅行することだ。

まず一つ目の方法は、ボトンの『不安』が勧める通り、旅行や芸術に没頭することだ。新しい世界を経験しながら興奮やときめきを感じれば、不安を一時的にでも凌ぐことができる。趣味に興じるのもいい。何かに没頭し集中できれば、不安は消えてしまうから。もちろんこのような方法は、一時的な効果しか得られないというデメリットがある。

私が勧めたい二つ目の方法は、不安を人生の一部として受け入れることだ。努力してそこに集中したり、下手に除去しようとしたりせず、心の一部にそのまま置いておくのだ。ところで、ここであなたに一つ質問してみたい。不安は、本当に私たちに悪さばかりするものなのだろうか？

この問題を深く掘り下げた哲学者がいる。『死に至る病』『あれか、これか』『不安の概念』

等を執筆した、十九世紀のデンマークの哲学者セーレン・キルケゴールだ。キルケゴールは「内心に動揺、軋轢、不調和、不安というものを宿していない人間など一人もいない」と言い、不安を取り除くのではなく、むしろ不安を基にした独自の実存哲学を打ち立てた。彼は「不安は自由の眩暈《めまい》、可能性の眩暈である」と宣言している。

苦痛を感じてこそ、適切な傷の治療ができる。不安もまた同じで、自分の人生における今の立ち位置、心の状態を教えてくれ、よりよい方向へと導いてくれる。個人だけでなく、社会的レベルでも同様だ。あらゆる人がひどく不安に陥った場合は社会的に問題があり、政策や制度が見直されないといけない。不安についての、キルケゴールの思考を転覆させる鋭い洞察は、今日私たちがよく知るヘッセ、カフカ、カミュなど、様々な作家にも多大な影響を与えた。

嘘でも構わないから「うまくいっている」という一言を聞きたいときがある。横で見守られながら「あまり不安がらなくて大丈夫」と元気づけられたい瞬間もある。自分の立場になって話をし、どんなことがあっても自分の味方になってくれる、そんな人が私たちには必要なのだ。作家であるソン・スソンのエッセイ『一人の私が一人の君へ』には、こんな共感できるメッセージが込められている。

今、その程度なら大丈夫、うまくやっている。不安がらなくていい。時々私から誰かに聞く前に、嘘でもいいからこう言ってもらいたい。君は本当にうまくやっていると、これからも今のままやっているだけでいいからと。

不安なときはまず自分の心と向き合い、それから周りとの関係に目を向けてみるのがいい。自分の姿がたとえ少々不格好でも、それを認めて受け入れるとき、すなわち自分という基準点をしっかり固めておけば、どんな不安にあってもあまり揺さぶられることなく幸せでいられる。そして、いつでも自分の味方になってくれる人がそばにいれば、ふいに襲われる不安にもうまく対処できるはずだ。

このように、不安とうまく付き合えれば、それは幸せへの鍵となりえる。私たちがジェットコースターやメリーゴーラウンドに乗るとき、怖がりながらも楽しむように。不安を人生の一部として受け入れ、共存しながら楽しみも見つけられたなら、この先不安に駆られて眠りにつけない夜はなくなるだろう。

私が望むことを
私もわからないとき

「君が望むものって何？」

「何のこと？　欲しいもの？」

「いや、そういうのじゃなくて、本当に心から望むこと」

「さあ何かな、僕の望みか……。でも突然どうしたの？」

「何か最近、ずっとそんなことを考えるんだ。自分が本当にしたいことが何なのかわからないまま、生きているみたいだなって」


ある日、友人と交わした会話だ。考えてみれば、自分が本当にしたいことは何なのか、いつの間にか気にも留めなくなっていた。ただ日々あくせくして、人生で一番大切で基本的な問いすら、すっかり忘れていたということだ。その問いは友人と別れた後も、ずっと私の頭から離れなかった。「小さいときは、何になりたかったたっけ?」「一番楽しくて、幸せだったのはいつだっただろう?」「何をしているとき、一番胸がいっぱいになったかな?」こんな疑問の答えを探し始めたのだった。

そして机に向かい物思いに耽っていると、ふと本棚の一冊が目に入ってきた。作家キム・ドンヨンの『私だけを癒やすもの』という本だ。ゆっくりとページをめくっていくと、胸にじんとくる文章に出会えた。

私は自分に向かって静かに、好きなことをしながら生きているかと聞いてみた。実際に問いただしてみると、自分が好きだと思っていたことは見栄えがいいだけで、本当に好きなことではなかったようだ。私が好きなことを見つけるには、年齢的に遅すぎるかもしれないが、できるなら充実した楽しい日々を過ごしたい。

本を閉じ、静かに目も閉じてみた。この文章は私の疑問に答えてくれてはいないが、私の心をそのまま代弁してくれているだけでも、非常に癒やされた。落ち込んだときや慰めてもらいたいとき、私は昔から本をめくる習慣がある。そうやって一文、一文に集中し、私の心を理解し慰めてくれる文章に巡り合えると、癒やされ力が湧いてくる。キム・ドンョンの言葉も同様だった。「自分が望むことは何か？」という問いに、お金で買える物や見栄えすることではなく、心から望む自分の好きなことは何かを深く考えるようになった。

ただ実際には、望むことは状況によって変化し続ける。確かに好きで始めたはずなのに、嫌気が差すこともある。時間が経つと、実は私がしたかったことではなく、他の人がしたかっただけだと気づく場合もあった。大抵、こんな言葉を耳にして。「今苦労しておけば、後が楽になる。お前が望むことなど後でいくらでもできるから」と。

学生の頃から、会社員になっても尚、私たちはこのような言葉を嫌というほど聞かされている。大学に入るために勉強をしなければならず、いい会社に就職し結婚しなければならず、子どもまで産まなくてはならないというように。幸せになるためにしなければならないことが多すぎる。でも、それらすべてに従わないと幸せになれないのだろうか？　むしろ、そうこうしているうちに、本当に望むことを見失ってしまうのではないだろうか？

幸せになるためには、今、自分の心に耳を傾ける必要がある。他人に合った基準を追い求めても、決して幸せにはなれない。後で考えが変わったとしても、そのときはまた、その変化した心に素直に従えばいいだけ。幸せはどこか遠くにあるのではなく、今ここで、自分に忠実な場合に感じられるものだから。作家キム・ミンチョルの『あらゆる曜日の旅』にある、この一節のように。

以前、本に
「ここで幸せになれるもの」
という言葉を書き留めておいたら
誰かが私に教えてくれた。
「ここ《ヨギ》で幸せ《ヘンボック》になれるもの」の省略形は
「旅《ヨヘン》」だと。

私は何度も大きくうなずいた。

この文を読んで、私も大きくうなずいた。確かに私たちはみんな、人生という旅をしている。その旅を楽しみたいなら、誰かに指図されることなく、自分が好きなことでスケジュールを埋めるべきだ。例えば、観光地を歩き回るよりもカフェでくつろぎたいなら、そうすればいい。誰かにいくら勧められても、自分が気乗りしないことで幸せになれはしない。「絶対にすべき」ことなどないのだから。

今の自分の心の声にじっと耳を傾ければ、本当に望むことが何なのか、きっと少しずつ聞こえてくるはずだ。「今すぐ自分が幸せだと感じられることをすればいい。誰かに非難され、君らしくないと言われても、本当にしたいことをすべきだ」と。

作家のロマン・ガリがエミール・アジャールというペンネームで発表した小説『これからの一生』の一ページ目に、このような引用文がある。


彼らは言った。

「お前は、愛する人のせいで気が触れたんだな」

私は言った。

「人生の醍醐味は気が触れた者だけがわかるってもんさ」


このように、私たちが幸せをつかむためには、心から望むことが何なのか、気が触れたように悩み続け、探す必要があるのだろう。他人に任せることはできない。ただ自分自身で解決するしかない。

もしかしたら、この作業は一生続くかもしれない。本当に望むことをすぐには見つけられず、見つけたとしても変化し続けるかもしれないから。ただ旅の面白さは、計画通りに進むときにだけ味わえるものではない。行程が狂い右往左往しているときに、旅の面白みを味わうこともあるように、幸せもまた人生という長旅のあちこちで、予想外の瞬間に宿っている。心から何かに熱中し、明るく笑いながらその旅路を行けば、私たちの人生はいつの間にか嬉しいことで満たされることだろう。

傷を治癒する適切な距離

多く傷ついた人ほど明るく笑い、気を遣い、平気を装おうと努める。抱えている傷を誰にも見せたくないから、心の奥底に開かずの間を持っている。深い場所に放置した傷は、わざと掘り返さなければ、自分でもその傷の存在を忘れていることさえある。

しかし、そうやって隠し込んでも、傷が勝手に癒えるわけでも消えてくれるわけでもない。傷は表面上にはなくても、自分でも気づかないうちにその奥深い場所からするっと抜け出してくるから。自分でも忘れていた傷にふと涙するような瞬間は、至って平凡な日にも出し抜けにやってくる。例えば、誰かにこんな一言をかけられたときに。

「本当に大丈夫?」

傷を適切な時期に治療できないまま、何事もなかったふりをしている人は多い。誰も傷を受けない、いいことで埋め尽くされる世の中は、そうやすやすと訪れてはくれない。私たちは人生で無数の傷をつけ合い、その傷は自然に癒えるときもあるが、傷跡となるものや、心の奥底で膿んだまま残ってしまうものもある。そんな傷をしっかり治癒する方法はないのだろうか？　膿や傷跡が残らない、いい治療法はないのだろうか？

周囲の人が放つ些細な一言にも、大きな傷を負うことがある。悪意なく放たれた言葉の矢が鋭く刺さってしまうのだ。このように些細な言葉が心にめり込み、何度も繰り返されると、傷はだんだん深くなる。これと反対に、私たちが意図せず他人を傷つけてしまう場合もある。私たちはそんな傷に翻弄され、挫折し、ときには苦しんだり、憤ったりする。たとえ意図的でなくても人を傷つけ、人に傷つけられながら生きるのが定めなのだ。

いつだったか共同プロジェクトを行った、会社の先輩にこう言われたことがある。

「スンファン。まあ、お前がその分野は長けているから」

初めは褒められたのかと思ったが、その後また別のプロジェクトでも、その先輩はひたすら似たようなことを触れ回っていたという話を人伝に聞いた。気分はよくなかった。特別な意味なく、ただそう言っただけかもしれないが、ずっとその些細な一言が頭から離れなかった。私には、「お前は他の仕事はうまくできないが、その分野だけはうまくやれる」という意味に聞こえてしまったのだ。

その先輩とは、普段よく会話をするわけでも、親しい仲でもなかった。だから、ただ何の気なしに放たれた言葉を、私が違う意味に歪曲して受け取ったのかもしれない。だが、親しいかどうかに関係なく、言動に注意しながら適度な距離を保つことが必要なのだ。適当な距離が保たれなくなると、予想もしない誤解が生じてしまうから。

人々は言う。人との間に感じられる距離が嫌だと。しかし、私は人と人との間にも適度な間隔が必要だと思う。人にはそれぞれ、自分だけで作り上げるべき世界があるからだ。また、離れて空いたままになっている余白があるから、お互い切に求めるようになるのだ。束縛してしまうなら束縛しないようにすること、そうやってお互いを求める程度の間隔を維持することは、真に愛する関係であれば尚更必要だ。あまりにも近くなりすぎて傷つけてしまわない、それでいてお互いの存在を常に感じ、見つめ合える適度な距離を保つ知恵が必要なのだ。木々がまっすぐ成長するために必要なこの間隔を、私は「恋しい間隔」と呼ぶ。お互いの温もりを感じているが、決して干渉したり束縛したりすることのない距離、だからお互い求め合うしかない距離。

作家ウ・ジョンヨンのエッセイ『私は木のように生きたい』の一節である。傷つき傷つける度、私はこの文章を反芻《はんすう》しながら人間関係の適度な距離について深く考える。

人間関係とその距離について、文化人類学者エドワード・ホールは、「私的な空間（Personal Space）」という概念を用いて説明している。すべての個体は、自分の周辺に一定の空間を必要とし、他の個体がその中に入り込むと、緊張と危険を感じるという。家族とは二十センチ、友人とは四六センチ、会社の同僚とは一・二メートル程度の距離があれば、安心感が生まれるということだ。これには物理的な距離だけでなく、精神的な距離も含まれる。いくら親しい間柄でも適切な距離は必要で、むやみにその距離を縮めてはいけないのだ。

私たちにはそれぞれ、自分だけの世界がある。本当に大切で愛する人がそばにいても、ときには自分の力で、自分だけの世界と向き合う必要がある。木や花がまっすぐに成長するために適切な間隔が必要なように、私たちにも相手との「恋しい間隔」が必要なのだ。その適度な距離を尊重してこそ、愛する人を大切にしながらより深く想うことができ、私たちもまたあるべき姿で成長することができる。

先ほど引用したウ・ジョンヨンの言葉は、まさにこんなことに気づかせてくれる。本のタイトル通り、木と人に関する著書で、温かい洞察が感じられる文章を多く見かける。とはいえ、作家自身の人生は平坦ではなかった。彼は色覚異常という限界にぶつかり、天文学者という夢を諦めなくてはならず、長期間放浪していた。そんな絶望のさなかで山に登り、自ら命を絶つことまで考えていた彼を蘇らせてくれたのは、どんなに荒れた天気でもぐらつかずに自分の場所を守っている、木の存在だったのだ。そんな傷と痛みのうちに綴られた珠玉の文章だからこそ、読者の心にずしんと響くのだろう。

このように、人生でひどく傷つき自分ではどうしようもない瞬間に、心から慰められる文章がある。

あなたがまだ見たこともないほど大きな悲しみが、行く手に立ちはだかるようなことがあっても、驚かないでください。(……)あなたはこう考えないといけないのです。生はあなたを忘れはしなかったと。生はあなたの手をつかんでいると。生は決してあなたをつき離したりはしないだろうと。

ドイツの詩人ライナー・マリア・リルケが書いた『若き詩人への手紙』の一節である。この本は、リルケが後輩のカプスに送った手紙を集めたもので、執筆と人生についての深い洞察がちりばめられている。この文章を通して、リルケが私たちに次のような言葉をかけているように感じた。長い長い私たちの人生で、今傷ついている時間はほんの一瞬で、これからいくらでも治癒できると。
私を信じてくれる誰かが、いつもそばにいてくれたらもっといいが、たとえ今そんな人がいなくても、自分は十分うまく立ち回ることができる、とても大切で貴重な存在だと信じるべきである。今はひどく痛む傷でも、いくらでも克服できると信じないといけない。少なくとも自分の人生だけは、いつでも自分を応援しているということを忘れずに。こんなメッセージを伝える詩を、一篇届けたい。詩人キム・ジョンサムの「漁夫」である。

浜につながれた
小さな漁船
日々揺れている
波風に転覆するときもある
遠くまで櫓《ろ》を漕いで
ヘミングウェイの『老人と海』になり
つぶやこうかと

生きてきた奇跡が生きていく奇跡になるのだと
生きていたら
多くの喜びがあるのだと

私たちは、ときに自分を傷つける。自分の評価基準をとても高く設定する場合がそうだ。実際には十分うまくこなしているのに自分を卑下したり、自尊心が傷つけられた挙句、相手に対して自分を不必要なまでに低めたりするのだ。自分で自分を十分に愛しても足りないのに、それすらできずに叱るだけなら、どれほど大きな傷になってしまうことか。

自分自身に向かって、お前はああだ、こうだ、と判断の物差しで測らないでください。その度にあなたが得られるのは傷だけです。

パウロ・コエーリョの小説『魔法の瞬間』からの文章だ。作家の言う通り、判断の物差しを自分に厳しく当てて、痛め傷つけないように心掛けないといけない。

このように厳しい判断基準を用いることは、自分だけでなく他人に対しても同じで、気をつける必要がある。特に家族、友人、恋人など近しい人であればあるほど、より注意しないといけない。親しいからとたかをくくって自分の基準を押しつけたら、ともすると大切な人を深く傷つけてしまう。

当然かもしれないが、私たちに必要なのは傷つけ合う関係ではなく、励まし合い、愛し合い、慰め合える関係である。そうやって支え合えたら、私たちは一人悩み苦しむ代わりに、もっと確かな絆で傷を治癒し、より美しい人生を歩めるに違いない。

今回の話の締めくくりに、先に紹介した『若き詩人への手紙』から、もう一節贈りたい。

傷を受けることを必要以上に恐れたり、傷に苦しんだりせず、また反対に傷つけてしまっても、自分を責めるのではなく、省察《せいさつ》しながら心をなだめてほしい。

そのため、私はできる限りのお願いをあなたにしたいと思います。それは他でもない、あなたの胸の中に解決できないで、そのままになっている問題について忍耐を持って接しなさいということと、その問題自体を、固く閉ざされた部屋や全く見知らぬ言葉で書かれた本のように愛そうと努力しなさいということです。今すぐに答えを求めようとしないでください。どんなに努力しても、あなたはその答えを得られないでしょう。なぜならその答えをまだ体験できていないからです。だからすべてのことを生きてみることが重要なのです。これからは、あなたが気になる問題を生きてみてください。そうすれば、遠いいつの日か、知らないうちに自分が答えの中に入り込んで生きているかもしれません。

寂しさの模様いろいろ

冬が深まるほど、なぜか侘《わび》しさも募る。豊かだった緑の葉が一枚、二枚と落ち、枝だけになった寒々しい通りを眺めていると、体中冷え切っていく感じがする。寒空のせいで、体を縮こまらせて歩いているからだろうか？　人との距離も、何気に遠く感じる。だから冬には「寒い」という言葉や、それ以上に「人恋しい」という言葉が口をついて出る気がする。

ふと、いつの頃からか、人々が私のそばに長く留まることなく、すぐ去ってしまうと感じるようになった。多くの人が、手に取るだけですぐに戻す本のようで、私の心の片隅も暗く燻《くすぶ》るようだった。以前はみんなに私から近づき、私という本を広げて見せることもあった。心を打ち明け、本音を語ることで、誰かと深く関わり、心を分かち合いたかったから。一人っ子で、人より寂しがり屋だったからだろうか。

それでも、心のうちまで見せられることを負担に感じ、距離を取る人もいれば、親しい人とは誤解が生じ、仲違いすることもあった。私の言動が、いつも正しいわけではなかったのだろうが、人によって価値観や考え方が異なるから、ときには誤解も生じる。一時はとても親密だったのにもう会わなくなった人、記憶にもおぼろげにしか残っていない人の存在を思うと、時々心細くなる。私という人間に問題があって、誰とも親しくなれないのではないだろうか、と。

おそらくこんな気分に陥るのは、私だけではないだろう。夜一人でいるとき、親しかった人との距離を感じるとき、自分の居場所がどこにもないと感じるとき、誰かに頼りたいのにその誰かが思いつかないとき、私たちは果てしない孤独感に襲われる。このように寂しさの原因はあまりにも多様だから、私たちはその度に寂しさを感じるのかもしれない。

今よりもっと寂しくなったときに、ようやく今の寂しさを忘れることができる、という言葉を耳にしたことがあるだろうか。詩人ホ・スギョンのエッセイ『君なしで歩いた』は、このような深い孤独を次のような美しい文章で綴っている。

この町で、私は一人歩き回る異邦人だった。長い間、生身の人間ではなく、まるで幽霊みたいだとも思った。（……）私の町は、飛行機で十時間ほど離れた所にあった。見慣れぬことに耐え抜くには、歩く以外なかった。歩いて歩き続けて、とうとう慣れ親しむまで、生き抜くしかなかった。

遥か彼方の異国の地で、一生故郷を偲ぶ詩人の心が感じられる文章だ。この文章に、私は自分自身の姿が重なって見えた。そして私一人だけが孤独を感じるのではないという思いが、少しだが寂しさを和らげてくれた。詩人ペク・ソクは「白い風壁があって」という詩に、このような感情を丁寧に込めたが、ここでその一部を紹介したい。

天がこの世を創造したとき、最も尊び慈しむものはすべて
貧しく孤独で、気高くさみしいから、いつでも溢れる愛と悲しみのうちに暮らせるように創られたのである
三日月とキンポウゲとダルマエナガとロバがそうであるように
そしてまた、「フランシス・ジャム」と陶淵明《とうえんめい》と「ライナー・マリア・リルケ」がそうであるように

天から愛情が注がれるものは、むしろ「貧しく孤独で、高貴で侘しいから、いつでも溢れる愛と悲しみのうちに暮らせるように創られた」という詩人の言葉は、結局世界の何者も、寂しさを避けることはできないという真実を語っている。しかも孤独な時間だけでなく、誰かと過ごしていても、寂しさは突然やってくる。帰属意識を持てなかったり、会話に共感部分を見出せずに疎外感に襲われたりするときに。

また今日私たちはインターネットを通し、二四時間誰かしらとつながっていて、一日だけでも多数の人とやり取りをしている。しかし、人間関係に起因する寂しさはかえって深まっている。SNS上の友人は数百、数千、数万人に上るが、実際に会って会話を交わす機会はむしろ減りつつあり、「遠くの親戚より近くの他人」という言葉は、随分前から辞書でしか見かけなくなった。

ではこんな寂しさを、どうすれば克服することができるのだろうか？　私の個人的な手段は読書である。読書によって、寂しさ自体を完全になくすことはできないが、少なくとも自分が抱く感情を、他の誰かも感じていると知ることで慰められるから。多かれ少なかれ、寂しさを抱えて生きていくしかないという話を読めば、孤独が私を慰めてくれているような気がする。こんな私の琴線に触れた詩を、一篇紹介しよう。詩人チョン・ホスンによる「水仙花へ」である。

泣かないで
寂しいのが人間の性《さが》
生きるとは寂しさに耐えること
いたずらに来ない電話を待ち続けないで
雪が降れば雪道を歩き
雨が降れば雨道を歩くのだ
葦林から胸が黒い鴫《しぎ》も君を見守っている
ときには神も寂しくて涙を流される
鳥たちが木々の枝に止まっているのは寂しいからで
君が水辺に座っているのも寂しいからだ
山影も寂しくて一日一度村へ降りてくる
鐘の音も寂しくて響き渡る

人間だけが寂しい存在なのではなく、鐘の音も、影も、動物も、自然も、それに神までも寂しさを感じているとは、どんな言葉よりも大きな慰めになる。寂しさに耐えるために、何かをする必要はない。それぞれが寂しさに耐え、乗り越えるための方法は異なるのだから、誰かが感じる寂しさを癒やしたいなら、一旦話を聞き、うなずきながら見守ってあげることが大事なのだろう。

世の中には数え切れないほどの形や大きさの寂しさがあり、それを比較することはできない。百人いれば、百通りの寂しさがあり、私たちは異なる寂しさを、一人孤独に耐えないといけない。他人の寂しさをよく知っているなどということは、誰にも言えない。その点さえ踏まえていれば、迂闊《うかつ》に口にする慰めではなく、言葉を選びながらも心から共感したり、慰めることができる。

寂しさを耐え忍ぶこと、
それは誰にとっても容易ではないこと。
世界の誰にも解決できない問題。

あなたの抱える寂しさを、
どうか一緒に分け合えますように。
その重荷を少しでも減らせますように。

底なし沼に落ち、
一人ぼっちにされた気がするときも、
世界のどこかには必ず、
あなたのように寂しさを抱える人がいることを、
いや、実は世の中すべての人が、あなたと同じだということを
いつも忘れないでいてほしい。

だからその寂しさを
共に耐えていけますように。
もしかしたらそれこそが、
私たちにできる唯一の慰めかもしれないから。

悔いのない恋愛

そのピアノのメロディが何を意味するかなど、当時は知りようがなかった。それは結局、遅れて届く手紙と同じ。あるいは買っておいた切符の出発時間を見て、電車はすでに出発したという事実にようやく気づくようなもの。私たちは過ぎ去って初めて、人生で起きたことが何を意味するのかをはっきり理解し、その意味を認識した後、引き返すにはもう手遅れだという事実を知るのである。

初恋は実らないと誰が言ったのだったか。おそらく大抵の人は失恋した経験があるだろう。失恋時は失敗だけが思い浮かび、時間を巻き戻したくなるほど後悔する。先に引用した作家キム・ヨンスの小説『君が誰であろうとどんなに寂しかろうと』の一節は、こんな感情を如実に表している。

ふと昔のことが悔やまれる。やり直したい瞬間が頭から離れず、ひたすら後悔が募る。そんな後悔が今この瞬間を苦しめ続けているから、後悔、そしてまた後悔。こうなると、もしかしたら私たちの人生は、多かれ少なかれ必然的に後悔を背負いながら、何とか生きていかないといけないのではないかという気もする。

しかし、後悔そのものが悪いわけではない。ときには前の失敗を反省し、今後それを生かした選択ができるようになるからだ。では、どうすればそんな前向きな後悔をし、後ろ向きの後悔を減らせるのだろうか？

ある初冬、西村《ソチョン》のとあるカフェでのこと。知人と話をしていたところ、突然知人の視線が、私の目と背後の何かを行ったり来たりしたのだ。何かと思い振り向くと、そこには昔付き合っていた女性が立っていた。そうして久しぶりに、彼女と話をすることになった。

「久しぶり。元気そうね」

「まあね。元気だったよ」

「本当は、私、すごく後悔していたの。ああいう別れ方しちゃったから」

十年前、当時付き合っていた彼女は、私に突然別れを告げ、その後間もなくアメリカに留学した。すがりつきもしたし、理由だけでも知りたかったが、納得できる話は聞けなかった。ただ一方的に振られた。ときが流れ、また偶然出会って、今更ながら後悔していると聞かされても、特に悲しいとか残念だとか、怒りがこみ上げるといったことはなかった。ちっとも動揺しなかった。

「あの頃は本当に幼かったみたい。ごめんね」
「もう忘れよう。そんなに自分を責めたり後悔したりしないで。僕も君と別れたこと、少しも後悔してないから。あのとき僕にできることは、あれがすべてだったから」

彼女は相変わらず後悔を滲ませていたが、私には何の感情も残っていなかった。彼女に言った通り、本当に自分にできることはすべてやったから。もちろん、私にも悔いが残った恋愛がある。愛されることを当然に思い、相手の心を疎かにしていた。でも、そんな間違いを犯して後悔したからこそ、これからはいつだって今そばにいる人に最善を尽くそうと決心したのだった。

私たちは今を侮ると後悔する。恋愛を例にとると、目の前にいる人を大切に思えず適当にあしらうとか、よそ見して過ちを犯す場合だ。こういう行動は、相手にとってひどい仕打ちだが、結局は自分自身にも大きな悔いや傷を残す。精神分析学者であり、社会心理学者でもあるエーリッヒ・フロムは『愛するということ』でこのように言っている。

精神を集中させるということは、今ここで、完全に現在を生きているということであり、したがって今何かをしている間は、次にすべきことは考えないという意味である。言うまでもなく、精神の集中を一番身につけなくてはならないのは、愛し合うほとんどすべての人である。習慣的に彼らは様々な方法で、お互いから逃避しようとするが、そうではなく、お互いに寄り添う方法を学ばねばならない。

愛とは、ただ定期的に会い、食事を共にし、写真を撮り、相手を真似ることではない。相手の目を見つめ、その人の話に耳を傾けながら、何に関心を持っているのか、今日一日をどう過ごしたのか、感情を分かち合うことだ。

このように、今に忠実に生きれば後悔しないという言葉は、愛に限定される話ではない。私たちが何かを夢見るときも、もしかしたら人生そのものも同様である。さすらいの労働者として生きつつも、社会と人間を見抜く洞察力に溢れる本を何冊も残したある哲学者は、私たちにこんなメッセージを残している。

私は都市から都市へと続く道を行かなければならない。都市ごとに発見があり新鮮だろう。都市ごとにこの都市が最高だと、私に機会をつかめと言うだろう。私はその機会を一つも逃さないだろうし、だから後悔もしないだろう。

エリック・ホッファーの自叙伝『路上の哲学者』に書かれている文章である。子どもの頃に両親を亡くし、十五歳まで視覚障害を負うなど、彼の人生は苦労の連続だった。しかし彼は絶えず読書に励み、汗を流し働きながら、誰よりも情熱的に生きた。自身の人生の分岐点にある数多くのチャンスを、一つも逃すまいと努力した。そしてとうとう世界的な思想家の仲間入りを果たし、大統領自由勲章まで受けたのである。もしも彼が現状を嘆いてばかりで後ろ向きだったら、果たしてこんなにも立派な人生を送れたであろうか？

後悔というものは、心に深く留めてはいけない。後悔の代わりに、自分が犯した間違いをしっかりと把握し反省することを忘れず、再び人生を歩いていく力を得なければならないのだろう。私もまた間違いを後悔し反省する度に、哲学者キルケゴールの言葉を格言のように反芻してみる。

人生は後ろ向きにしか理解できないが、前を向いてしか生きられない。

そう、人は誰でも失敗を繰り返す。だから、後悔する瞬間に出くわす。しかし、過ぎたことを後悔ばかりしていては、今この瞬間をまた他の後悔の瞬間へと導くだけである。

このように、人生が後悔だけで埋め尽くされるまで放置しないようにしよう。「後悔」をただ悔いるだけでなく、過去を反省して今と向き合い、未来へ踏み出す一歩に役立てられるのなら、私たちの人生はより安定したものとなるはずだから。

憎しみと怒りは自分の力

誰かがとげとげしい言葉や態度で心を突き刺すとき、愛し信じた人に裏切られ大きな傷を負うとき、平穏な日々を保つのは難しく、心は憎しみと怒りでいっぱいになる。

このように、思いがけず誰かを憎んだり、怒りを向けてしまうことは誰にでもある。ほとんどの場合はときが解決し、自然にほとぼりは冷めるが、ある感情は少しずつ膨らんで濃くなり、心を蝕む。また、ある感情は深い場所に隠れていたのに、急に現れることもある。こんな感情は一体なぜ起こるのだろうか？　また、どうすればこの感情をうまく鎮めることができるのだろうか？

憎しみや怒りが生まれる理由は少なくない。いろいろな顔をして私たちに近づいてくる。そんなときは、一体なぜ自分の身にこんなことが起きるのかと考え、世の中のすべての不幸がまとめて押し寄せたような気分にさせられる。私にもそんな経験があるが、ある小説を読んでいたら、少しばかりだがそんな感情に賢く対処する方法を学ぶことができた。

世の中ってね、幸せのかたちはみな似たりよったりだけれど、不幸のかたちはどれも別々なの。みんな特別の苦労を背負っている。貧乏な人も、お金持ちも。だからあなたはべつに、特別な人じゃないのよ。もしあなたが特別の苦労をしているとしたらそれは——そう思いこんでいるあなた自身の姿が、不幸なのよ。

浅田次郎の小説『王妃の館』に出てくる文章だ。初めて彼の作品に触れたのは、映画を通してだった。日本映画『鉄道員《ぽっぽや》』と韓国映画『ラブ・レター ～パイランより～』である。この二作品は共に浅田次郎の短編小説を映画化した作品で、不幸と希望が交錯する美しい人生をよく描いている。

私は、様々な色を帯びた彼の小説が好きである。穏やかな感動を受けると同時に、人間の暗い面や現実も織り交ぜられているから。彼がこのような作品を書くことができたのは、裕福な幼少時代を過ごし、一家の凋落《ちょうらく》により彷徨いながら社会の暗い部分を経験したからなのかもしれない。

再び『王妃の館』に目を向けると、先の文章は、作家レフ・トルストイの『アンナ・カレーニナ』の有名な冒頭部分に影響を受けているようだ。いずれにせよ浅田次郎やトルストイの言葉通り、不幸も苦痛も誰かに憎しみや怒りを向けるしかない状況は、誰かが特別に経験するものではない。この言葉に私は何だか慰められた。苦痛を味わっているという考え自体が自分を不幸に陥れる原因だという、痛い所を突く苦言に、胸がひりひりしたが助けられた。

明らかに自分のせいではないのに責任を負わされたり、他人の失敗で苦労させられたりすることがある。誰でも頭にくるだろう。逆に、無意識に誰かに迷惑をかけていたり、些細な問題で人間関係がこじれ、罪悪感に苛《さいな》まれたりする場合もある。そんなときはいつも、先ほどの文章をひっぱり出して自分の感情に向き合い、怒りを鎮める時間を持つようにしている。

私たちの人生ではいくらでも起こることだ。問題は、そのとき生じる憎しみと怒りを否定的なものと捉えて抑えつけたり、消滅させようとしたりすることである。誰でも感じる自然な感情なのだから、そんなことをする必要はない。深みにはまり、そんな感情と決別できないのも厄介だが、耐えながら抑えつけることも体の毒となる。ではどうすればいいのだろうか？　詩人パク・ヨンジュンは、私たちにこう助言してくれている。

大病でなくても、あちこち痛みが生じたら、その場所に心身を縛られ身動きができなくなる。（……）痛みとは、打ち勝つものではなく、賢く付き合って送りだしてやらなければならないものだ。

彼のエッセイ『騒乱』の一節だ。詩人は痛みに関して話しているが、憎しみや怒りのような感情も同様だ。打ち勝とうとしたり、もみ消そうとしたりすれば、むしろ不具合が生じる。心の病やトラウマに苦悩するかもしれない。大丈夫だと思っていても、ある日急に感情が表面化し、心を苦しめるかもしれない。

否定的な感情を、無理矢理押し込める必要はない。大丈夫。怒りがこみ上げるときは怒り、後で冷静に心と向き合えばいい。すべてはうまく耐え抜くための過程だから。夏の台風は多くの爪痕を残しもするが、過ぎ去れば猛暑が峠を越し、大気や海洋、土壌の汚染が改善されるという本来の機能もあると言われている。憎しみと怒りのような感情も台風に似ている。ひどく巻き込まれないようにさえ注意していれば、そのような感情の爆発も、後の精神を健全に保てるようにしてくれるだろうから。

社会的側面にも、憎しみと怒りの本来的機能がある。社会で正義が認められない場合、例えば、高い地位にある公人の不正腐敗が罰せられないなら、私たちは当然憤り、変革を求める。もしもそんなとき、誰も怒りを表面化させなければどうなるだろうか？　おそらく、社会の正義は実現されないだろう。

偉大な聖人として数えられる孔子もまた、そんな明確な憎しみや怒りの必要性について語ったことがある。『論語』「陽貨」編や「憲問」編には、このような話が残されている。弟子の子貢《しこう》が、孔子にも憎悪があるのかと聞いたところ、孔子はもちろんあると答えた。しかし、ある人が再び「徳でもって怨恨に返すのはどうか」と聞くと、孔子は「徳に何をもって怨恨に返すのか」と言ったという。

私たちは弱い存在である。頭ではたいしたことはないと思っていても動揺し、ひどく落ち込んでしまうから。憎しみと怒りという感情を不快に感じ、自分ではどうすることもできないだけでなく、そんな感情を抱けば気を落とし心が枯れ、さらに自責の念にまで駆られるのだから。

しかし、憎しみと怒りは誰もが抱く自然な感情だから、賢くやり過ごすべきなのだ。最後に、今この感情をきちんと整理できなかったり、誰かに憎しみや怒りを買ったりして途方に暮れている人たちのために、私が本紹介サイト〈The Book Man〉で紹介したチェ・ジョンウンさんの話を脚色した、私の文章を届けよう。

頭がこんがらがって
君の力になる人がそばにいなくて孤独でも
ときにはみんなも同じだということを忘れないで

親友にも理解してもらえず
一緒に過ごしてきた家族すら君を寂しくさせるけど
本当は深い愛を注いでくれているということを忘れないで
風だけが吹きすさぶ冷たいこんな世でも
行く先々で、誰かしら
貴重な時間をあえて割いて
君を気にかけてくれているなら
それだけで君は十分
幸せな存在だということを忘れないで

自分の心配で、毎日手いっぱいの人たちが
心の中のざわつきや逆境を物ともせず
君を想っているということが、どれだけ感謝すべき温かいことなのか

夜毎《よごと》、憂鬱に見舞われても
世の中すべての音楽が君の心を涙で濡らし、暗くしても
君の信念が揺らぎ、涙溢れたとしても
君の不安が心を押しつぶしても
雲も時々陽の光が信じられず、雨をざっと降らせるように
誰かが君を想って本を書いているということを
君の憂鬱が断ち切れるように、慰めの言葉をかけているということを知り

悲しまず、つらい思いをしないでほしい
風もそよぐことに飽きては静まり返り
ひまわりも時々首が痛くなり
鮭も滝に行く手を阻まれ、息絶えたりするから

君が挫折しても、一人涙を流さないでほしい
君は多くの愛を受け
愛の証としてこの世に生まれた、愛の存在だということを
決して忘れないでいて

偉大なる執着

長いこと準備したプロジェクトがあった。だが時間が経つにつれ、計画が少しずつ傾き、いくら時間をかけ努力しても、明るい兆しは見えてこなかった。頭の中では半ば諦めていたが、どうしても素直に認めることができず、むしろすがり続けたのだった。

このように意味のない執着で、徐々に心身共に疲れが溜まっていた頃、私はどこかで「認めてしまえば執着しなくなる。しかし、いざ認めてみると、心に余裕ができた一方で、どうしようもなく悲しくなった」という文章を目にし、やっと心の荷を下ろすことができたのだった。

私たちは日々、いろいろなものに執着している。私のように、失敗が火を見るよりも明らかなのに、意味なく執着してしまうこともあるだろう。人の心であれ、手に入れたい物であれ、才能であれ、自分が努力し粘るほどいい結果が得られるのなら、どれほどいいか。でも現実はそうはいかない。そんなときに粘り続けることは、害になるだけだから、執着心を捨てるべきなのだ。そんなことは頭ではわかっていても、実践するのは決して容易なことではない。

では、執着とは一体何だろうか？　辞書によれば「あることにいつも心捉われ忘れられず、すがりつくこと」とある。そうだとしたら、この世で全く執着しないでいられる人などいないだろう。何も望まず、何にもすがりつかない人などいないだろうから。

かつて老子は『道徳経』で無私成私（正式には「非以其無私邪、故能成其私」。「成功への執着心を捨て、ひたすら心を無にしていれば、むしろ成功へ一歩ずつ近づく」という意）、すなわち「捨てれば得ることができる」と言ったが、凡人である私たちにはなかなか簡単ではない。作家コン・ジョンもまた『コン・ジョンの修道院紀行』で、こんな執着の難しさについて語っている。

捨てれば得られる。だがそうだとわかっていても、それが何であれ捨てることは簡単ではない。捨ててしまい、もしそれっきり得られるものがなかったら？　その未知の空虚感が怖くて、私たちは取るに足りない今日に執着したりするのだ。

執着心を捨てても心の片隅で悲しみ、その後に続く空虚感が怖くて、たいしたことのない今日に執着してしまうという心の動きを、うまく代弁してくれている文章だ。おそらく私たちは、頭では全部理解しているはずだ。執着するのを止めれば、心が穏やかになることも。

それでも執着は、私たちの人生と切っても切り離せない関係にある。フロイトが「抑圧すれば必ず我が身に戻る」と言ったように、捨てようとして捨てられるものではない。状況によっては、間違った執着で自分はもちろん、他人にまで迷惑をかける場合もあるが、一方で、執着によるメリットも見逃せない。知識の渇望や芸術、科学での執着は、後々偉大な結果を生むことも少なくないのだから。

大切なのは、執着の方向である。誤った方向ではなく正しい執着なら、個人はもちろん社会や国家、この先の人類にまで功績となりえる。例えば、レオナルド・ダ・ビンチの「モナリザ」、ミケランジェロの「天地創造（システィーナ礼拝堂天井画）」、ボッティチェリの「ヴィーナスの誕生」など、私たちがよく知るルネッサンス期の輝かしい芸術作品は、どれも天才的な才能の産物であると同時に、恐ろしいほどの執着の結果とも言える。人々が愚鈍と思っていた執着や没頭で、人類の歴史に残る偉業を成したのだった。彼らにとって執着は苦痛ではなく、喜びだったに違いない。

もし私が作品を制作するために、どれほどの労力を注ぎ込んだかを知れば、天才とは呼べないはずだ。

天才として知られているミケランジェロは、実際に自身でこう語るほど、芸術に並々ならぬ執着心を持ち、情熱を注いだ努力の化身でもあった。「ピエタ」「ダビデ」のような彫刻作品を見ると、とても石を削って作られたとは思えないほど、表情から衣服のシワまで精緻に表現されている。

四年もの間、天井に吊られ踏み台に横になって描いたシスティーナ礼拝堂の天井画も然り。作品を完成させるまでの間、彼は関節炎や筋肉痙攣、目の病などに悩まされたが、その偉大な執着のおかげで、五百年以上経った現在でも、彼の感嘆に値する芸術作品を私たちは鑑賞できるのだ。

このように、執着を悪い方向にばかり考える必要はない。場合によってはいい結果を生み出してくれるのだから。

大事なのは悪い執着ではなく、よい執着をすることだ。そのためには自分なりの基準で、正誤を判断できる能力を身につけるべきである。私もまた自分を消耗させ、他人に迷惑をかけるような執着心は捨て、少しでも幸せを味わえる人生に導いてくれる、意味ある執着をしなければと心に誓ってみる。

お茶にでもしましょうか？

時々、すべてをかなぐり捨てて、逃げ出したい気分に駆られる。あれこれ気にせず、どこかに隠れてしまいたい日もある。懸命に働く日々に疲弊し、やることの多さに嫌気が差す。人によっては「スローライフ」とか、「ＹＯＬＯ（「You Only Live Once」の頭文字）」といった方法を試したり、瞑想や運動で心を落ち着かせたりする。でもそうやって、ずっしり重くなった心を軽くしようと頑張っても、なかなかうまくいかないこともある。

急につらいことが重なったり、とても激しいストレスを感じたりしたら、私はとりあえずお茶を一杯飲むことにしている。少しの間、何も考えず、混沌とした心をうまく落ち着かせ、余裕を見つけるのだ。温かいお茶を少しずつ口に含めば、ゆっくりと体中に温かさが広がってくる。そうやって体を温め、辺りに広がるほのかな香りを楽しんでいると、ささくれだっていた心がカップの底に沈んで、問題の糸口も少しずつ見えてくるように思えるのだ。

お茶を飲むことは、コーヒーや他の飲み物を飲むのと全く違うように感じる。世の中の喧騒からしばし逃れ、一人だけの静かな世界に浸れる魅力がある。だからだろうか、多くの歴史的人物もお茶をこよなく愛したという。

かのナポレオンの唯一の趣味が、まさにお茶を飲むことだったと伝えられている。一日僅か四時間の睡眠で、朝から晩までヨーロッパ制覇の夢を見ていた野心家であったが、お茶を飲む時間だけはくつろいでいたに違いない。

心が落ち着いていても、そうでなくても、お茶を飲む時間はいつでも穏やかで魅力的だ。誰かとくつろいで話ができる力も秘めている。そんなお茶の魅力を、詩人キム・ソヨンは『心の辞書』でこう表現している。

人と人の心が向き合う時間は、十分に乾燥してこそ凝縮された香りがより香ばしく広がる、熱いお茶のようだ。凍てつくように寒い日の私には、香ばしく香るために、いつでもお湯のようなあなたにいてほしい。

心をお茶の香りにたとえたこの文章を読んでいると、お茶を飲むときのように体中が温まる感じがする。作家の言うように、私たちには温かいお茶を淹れるためのお湯のような存在が必要だ。それは家族かもしれないし、友人あるいは自分自身かもしれない。世の中が冷たい冬のように感じられるとき、そんな人と温かいお茶を飲みながら、くつろいで話の花を咲かせることができるなら、凍てついた心も少しは溶かすことができるだろう。

人生の幸福は特別なものではない。温かいお茶一杯分の余裕を持つことを知っている人生、さらに大切な人々とそういう時間を一緒に過ごせる人生は、幸せと呼べるだろう。人々とお茶を飲むことの社会的な意味について語っている本がある。それは、人類学者キム・ヒョンギョンの『人、場所、歓待』である。

歓待とは、他者に席を差し出すこと、またはその場所を認めること、その人が楽に「人」を演じられるように手助けすること、そうすることにより、もう一度「人」として生活できるようにしてあげることだ。人になるということは、社会に居場所を持つことに他ならないからである。人を演じようとするなら、最小限の舞台装置と小道具が必要だ。例えば、誰かを招待できる空間、着替えの服、茶瓶と茶葉を買うためのお金のようなものだ。したがって歓待は、資源の再分配を含むものだ。

人間なら誰もが持つ尊厳は、人と接するときに相互的に生じると、この本は言っている。単に法典に書かれた観念的な常套句ではないということだ。すべての人間の尊厳を考えるとき、それを可能にするためには基本的な衣食住だけでなく、実際に茶瓶を買い、他の人を招待し、お茶一杯でもてなす「人間的行動」を取れるような生活を社会が保証するべきだと説いている。このように、私たちが歓待され、歓待できる社会を作って初めて、人間の尊厳性を語ることができるというメッセージが、心に深く迫ってきた。

再び『心の辞書』に戻るが、詩人キム・ソヨンはこの本の執筆用に、百語を超える単語を集め、手帳に書き留めたという。微妙な違いを帯びる言葉まで、すべて書き留めていたため、元は実に千語も超えていたというが、心を表現する言葉がこれほど多いとは驚きだ。私はこの本を読みながら、誰もが各自の心の辞書を書くことを提案したい。そこにはつらく苦しい心も含まれるだろうが、心の辞書を整理しながら、自分の心を正確に知り、揺るがない心を持つ訓練をしてみるのだ。温かいお茶を一杯飲みながら。

日々無我夢中で心に余裕がない人ほど、このような心の訓練が必要だ。本当に忙しくて仕方ないこともあるが、日々多忙なだけの生活はいずれ支障をきたす。不必要に神経を遣いすぎているのかもしれない。そんな神経をすり減らさないようにするのも、心の訓練として有効な方法の一つだろう。まさにマーク・マンソンが『神経を遣わない技術』で推奨しているように。

問題を回避したり、何の問題もないふりをしたりすれば不幸になる。解決できない問題があると思っても、やはり不幸になる。初めから問題を度外視するのではなく、問題を解決することが肝心だ。幸せになりたいなら、私たちは何かを解決しなければならない。だから幸せは一種の行動であり活動なのだ。幸せは黙って与えられるものではない。

マンソンは、私たちがもう少しストレスなく幸せに生きるためには、意味のない心配を減らし、必要に迫られた心配だけをすべきだと言っている。不必要な心配が多いと、しなくてはいけない心配ができなくなる。そして、重要な問題を解決できなくさせるのだ。そうして見て見ぬふりした心配の種は、ときを置いて雪だるま式に増えて戻ってくるという。この本は、私たちがすべての心配を止めるべきだという話ではなく、本当に必要な心配を見極めなければならないと説いている。

『幸福になる練習をしよう』という自著で、私も似たような話をしたことがある。幸福はただ受けられるものではなく、きちんと練習と実践を通して享受できるものだと。

家族が幸せになるためには配慮や愛が必要で、こじれた友人関係を修復させるためには、誤解を解き、軋轢《あつれき》をなくさなくてはならず、私たちがより幸せになるためには、自分ではどうにもできない問題を解いていても埒が明かないし、直面する問題を回避していてもいけない。身の丈に合う問題に積極的に体当たりして、解決していくべきなのだ。

先に、時々すべてを放り出して、逃げてしまいたくなるという話をした。再度言うが、お茶を飲む時間は、人生で本当に大切なことが何かをはっきりと教えてくれる時間だ。不必要に神経を遣うがために、大切なものを逃したり見過ごしていれば、決して幸せにはなれないから。

それならば、神経を遣うかどうかをどのように区別すればいいのだろうか？　心理療法家のクリステル・プチコランの『私は考えが尽きない』では、私たちが楽に幸せに生きたいなら、まず自分自身を見つめ、愛することだと言う。


自分への愛が最優先。自尊心の中心には、無条件の自己愛がある。自己愛は、自尊心の最も根の深い礎だ。人は自分への愛で人生におけるすべての試練に耐え抜く。

自分に関係ないことをあれこれ考えたり、神経をすり減らす必要のないことに余裕を奪われ、まさに自分を振り返れないとき、不幸に陥る。幸せと不幸せは、結局自分の心が作るものなのだ。内面に存在する子どものような自分を優しく撫で、労わりながら愛を注ごう。そうすれば私たちはどんな試練にも惑わされず、しっかりと歩いていけるから。人生が幸せか不幸せかは、結局自分の心次第なのだから。

お茶にでもしましょうか。
世知辛い世の中で、寒さに震えるあなたに
心を込めて温かいお茶を一杯差し上げます。

心配事をすべて吐き出すことなどできなくても
お茶一杯で、少しの余裕という幸せが見つかりますように、
そうして世の中をまた元気に生きていける
勇気を得られますように。

あなたの話に酔う夜

なぜか酒をグイッと飲みたくなる夜がある。心に積もった埃を洗い流してしまいたいからかもしれないし、しとしと降る雨音や赤く染まっていく夕焼けに惹かれるからかもしれない。ただ楽しいから、幸せだから、あるいは悲しいから、心寂しいからかもしれない。そうでなければ、ただ酒が恋しいだけかもしれない。

腹を割って話せる人がそばにいなくても、ただ酒が友人になる日。酒は言葉もなく心の奥底まで流れ込んできては、心を撫でてくれる。私たちをふらつかせる酒が、ときにはふらつく人生の軌道修正をしてくれるとは、まさに皮肉だ。

悩み多き若かりし頃、私は一篇の詩と酒の入ったグラスを前に涙ばかり流し、大いに癒やされたことがある。

泣くなよ
誰だってそうやって生きているんだ
毎晩暗闇で寝返りを打ち、朝が来れば
取るに足らない希望を一つ胸に抱いて
また出かけるんだ
風が冷たいからと、疲れが残る眠りからまだ覚めないと
家に引き返す人がいるもんか
生きることは全く思い通りにいかないな
心や体はいとも簡単に壊れがち
花札で運がつくみたいに、何だかいい日だってあるにはあるが
そんなのそのときだけだろ
ある日大雨が降っても、その雨に
何が倒され、何が流されるかなんて、誰が知るもんか
それでも世の中は夢見る人のものなんだ
取るに足らない希望でも
一つ抱いて生きるのは幸せなことさ

何も待たずに生きる人生は
どれだけ哀れか
さあ、一杯やれよ
うまくいくことがないと
こんな世の中、いいことなんかちっともないと
酒に溺れて泣く友よ

詩人ペク・チャンウの「焼酎を飲んだから話すわけじゃない」と題する詩だ。多少極端な表現もあるが、概ね共感できる。私がこの詩を酒のつまみに飲んだことは、数回ではきかない。本当によく慰められたものだった。

この詩を知人に紹介する度に、その返答の多くは「今日は一杯やろう」だった。だからこの詩を読めば、虚しさが少し和らぐ。私と同じ感情を誰かも抱き、みんなどこかで不安な一日を送っていて、それぞれ似たり寄ったりの痛みを抱えていると思えてくるから。たとえ世の中思い通りにいかなくても、誰かと一緒に酒を飲みながら、詩の一篇でも味わえたなら、いくらでも頑張れそうだ。

あなたは、特に好きな酒があるだろうか。私が一番好きな酒は焼酎だ。他の酒に比べると廉価な上、どこでも購入可能でありふれているから親しみやすい。どんな場でも気負わず飲むことができるし、グラスも小ぶりで扱いやすい。乾杯して一気にグラスを空けて体が温まると、なぜかお互いの距離まで縮まった気がする。そして何よりも、焼酎グラスにはいろいろな思い出が詰まっている。その小さいグラスを持ち上げれば、グラス越しに屈託ない笑顔の愛しい人たちの姿がチラつくから。

こんな話をすると、私が酒豪のような誤解を与えかねないが、そうではない。それはさておき、酒をこよなく好む芸術家たちは数知れない。代表格を一人だけ選ぶとすれば、十九世紀フランス象徴主義の詩人、ボードレールが挙げられるだろう。彼は『悪の華』という問題作の詩集で、当時はもちろん今日までその名声を轟かせている。代表作の詩「上昇」の一節は、一九七七年宇宙探査のため打ち上げられたボイジャーに搭載されたゴールデンレコードに収められ、今も宇宙旅行を続けている。

彼の詩は、世界のすべての苦痛が込められた詩集と本人が称する通り、しなやかな読み応えではない。私の心にひときわ深く響く詩は「酔え」である。ボードレールが他界し、二年後に発表された散文詩集『パリの憂鬱』に収められている作品だ。韓国で人気を博したドラマ『ミセン――未生――』で主人公チャン・グレのナレーションにより紹介され、知られるようになった作品でもある。

常に酔っていなければならない。
すべてはそれにかかっている。これこそが唯一の問題なのだ。
君にのしかかり、地へと君を屈めさせる、「時間」という恐るべき重荷を感じないためには、休むことなく酔わなければならない。
では、何に酔うのか。
酒に、詩に、あるいは美徳に、君の思うままに。
とにかく酔いたまえ。
そうしてもしも時折、宮殿の階段の上で、
濠《ほり》の緑の草の上で、
お前の部屋の陰鬱な孤独の中で、
酔いがすでに減じあるいは醒め切り、目覚めるのなら、
たずねたまえ、
風に、波に、星に、小鳥に、大時計に、通り過ぎていくすべてのものに、嘆くすべてのものに、流れゆくすべてのものに、歌うすべてのものに、話すすべてのものに、今、

いずれのときかとたずねたまえ。
そうすれば風は、波は、星は、小鳥は、大時計は、君にこう答えるだろう。
「今や酔うときである！　時間に酷使される奴隷にならないためには、酔いたまえ。絶えることなく酔いたまえ！　酒に、詩に、あるいは美徳に、君の思うままに」

いつでも酔っていなければならない、という言葉は、ただ身体的な意味で使われているのではない。詩人は酒であれ、詩であれ、美徳であれ何であれ、心向くまま酔いたまえと謳《うた》っている。人間が備えた肉体という身体的限界を超越することを願ったボードレールは、酒を媒体として一人の人間の精神的高揚を追求したのだろう。ただ自分の体の安泰と平穏を追求するのではなく、風に、波に、星に、流れゆくすべてのものに、歌うすべてのものに、そう、私たちを取り巻くすべてのものに情熱を注ぎ、懸命になれと叫んでいるのだろう。

ボードレールほどでなくても、誰でも適度に酒を嗜む際に感じる幸福感がある。疲れの溜まる、ありふれた日々から少しでも抜け出す気分を味わいながら、自分の気持ちにいつもより正直になり、世の中がより美しく見えるから。何よりも、一緒にグラスを傾ける人と心を通わせ、ときを共にする幸せを、私はこの上なく愛おしく思う。そんな気分で書いた詩が自著『自分にかけたい言葉　～ありがとう～』に収められている「今日は一杯やらないか」である。

あのさ
今日は一杯やらないと
みんなと変わらない短い人生だけど
俺には　この一日キツかったよ
俺の話聞きながら　一緒に飲んでくれないか

あのさ
今日はいい感じに酔わないと
仕事の山に埋もれ　必死にもがいて
やっとのことで立っていられる
でもつらい仕事に酔って　フラフラするより
夢に酔って　しっかり立っていたいんだ
俺の本音聞きながら　一緒に飲んでくれないか

あのさ
今日は俺がお前の心を潤《うるお》す番だね
疲れてるのは　俺だけじゃないはずだから
お前のことちゃんと見守りながら
心のこもった一杯ついでやるよ
俺の気持ち　ちゃんと伝わるといいけど

今日は一杯やらないとね

もし今、あなたがやりきれない時間を過ごしているのなら、一杯の酒を勧めたい。あなたが感じている激しい孤独感、耐え難い悲しみ、心の奥底まで入り込んでいる切ない想いが、その酒で飲み干されることを願っている。お互いの人生をグラスに込めて飲み交わすとき、私たちは酒に酔うのではなく、お互いの人生とその話に酔うことができるだろう。

2
章

頑張れという言葉が慰めにならないとき

私の時間と向き合う

どこか特別な季節

鼻先に感じる夜明けのひんやりした空気に、ふと季節を感じたりはしないだろうか。普段私たちは、季節のピークよりも季節の始まりに、感覚がより研ぎ澄まされる。通りを一本、二本と染めゆく春花の色彩に、がぶりとかじったスイカのさっぱりした甘さに、涼風と共に聞こえてくる草虫の鳴き声に、いつの間にか私たちのそばにサッと近づいた季節を体全体で感じる。

そんなとき、私はいつも「人生の季節」に思いを馳せる。春夏秋冬、そしてまた巡り来る春。「人生の季節」は四季のように順序正しく訪れはしないが、知らないうちに新しい季節がやってきては感情の温度を変化させる。ときには春のような温かなときめきの中で、ときには冷たく寂しい冬のような感情に抱かれ、私たちは目まぐるしい日々を過ごしているのだ。

あなたが一番好きな季節は何だろうか？　ひょっとしたら春や秋に心奪われるか、あるいは季節によって変わるのだろうか？


君は、人生で多くのことを、もう経験したと思っているだろう。

まだ真夏なのに、君の心は今まで経験したことのない秋辺りを彷徨い、真冬の道端に投げ出された気分に陥ったこともあるだろう。骨の髄まで沁みわたる寒さを凌ごうと、わざと大声で笑ったり、叫んだりする君を見かけた人も、一人や二人はいるだろう。

もしかして君は、多くのことがしょっちゅう変わるという考えと、いくつかのことは決して一生変わらないという考えに捉われ、絶望という崖っぷちに立ち、無垢で残忍な海を見下ろしているかもしれない。

だが、一つだけ捨てられないものがあるから、もう少しだけ歩いてみよう、もう少しだけ進んでみようと、自らを奮い立たせながら、ため息まじりの深呼吸を何度となく繰り返したことだろう。


作家ファン・ギョンシンのエッセイ『夜十一時』の「もしかしたら君は」にある文章だ。

私たちが人生で経験する様々な感情の変化を、四季に当てはめて表現したものだ。そっと声に出して読み進めていると、自ずと寂しく切ない感情が頭をもたげてくる。

私たちは、人生で実に多くのことを経験している。しっかり準備したはずなのに、何の予告もなしに、予想を遥かに超える事態に遭う。予想外のことに、ただ苦笑いするしかない日も少なくない。最初はあれこれ対処し、収拾させながら何とか立て直すが、似たようなことが繰り返されると、心身共に疲れ、気力を失ってしまう。まるで、寂しげに枝だけが佇《たたず》み、灰色一色に染まった冬景色のように。

冬はもともと大歓迎される季節ではない。私も、冬の冷気や寂寞《せきばく》感は好きとは言えない。すごく寒がりで一日中身を縮こまらせていると、わけもなく憂鬱な気分になるから。それでも、冬は何だか特別な季節だ。春、夏、秋とは確実に違い、独歩的な感じがするのだ。他の季節と比べて苦手な部分も多いが、だから逆にちょっとした魅力が切なく、大切に感じられるとでも言おうか。

真冬が一層好きになるのは、例えば仕事を終えて帰宅し、温かい風呂に浸かるときがそうだ。思い切り身を縮こまらせて一日を過ごし、体の芯まで冷え切った全身の筋肉が少しずつ緩みほぐれれば、いつしか一日中溜まった疲れ、悲しみ、心配、寂しさのような負の感情がすべて洗い流されていく。寒ければ寒いほど、帰宅後のバスタイムを楽しみに、一日を元気に過ごすことができるのだ。

私の人生で最も大切に思っている記憶も、身を切るような風が吹きすさぶ冬の日に起きた。あの日、私は地元の友人たちと時間が経つのも忘れ、酒を飲んでいた。ふとバイブレーションを感じポケットから携帯を取り出すと、知らないうちにかなり遅い時間になっていて、不在着信も何件か溜まっていたことにようやく気づいた。母からだった。

「お母さん、もうすぐ家に着くから。先に寝てて」

こう言いはしたが、電話を切るなりまた友達との会話に引き込まれてしまった。しかし三十分ほど過ぎた頃だろうか。また母から電話がかかってきた。

「スンファン、どこにいるの。もう着くと言ってたのに。お母さん、外で待ってるのよ」

こんな寒い日にあえて私を外で待っているという母の言葉に、突然腹が立った。

「お母さん。何で外で待ってるの？　こんなに寒い日に、僕がいつ帰るのかもわからないのに」

「もうすぐ帰るって言ったじゃない。一緒に腕でも組んで帰ろうと思っていたのに。ちょっと遅くなりそうなのね？」

逆ギレするどころか愛情たっぷりの声に、何だか申し訳なく悲しくなった。身を切るような寒風をものともせず我が子を待つ気持ちは、私にも理解できた。私はすぐ友人と別れ、家路を急いだ。そうして家に着いたとき、母は家の中でまだ私を待っていた。テレビだけがついたリビングで眠たい目を擦っている姿を見たとたん、胸がいっぱいになり、思わず近寄りぎゅっと抱きしめた。

数ある母との思い出の中で、なぜあの日のことがひときわ心に深く刻まれているのだろうか？　ある詩を読んで、その理由がわかった。

愛する人よ
私たちに冬がなければ
どうやって温かい抱擁ができようか
どうやって私たちは深め合うことができようか

この震える寒さがなければ

どうやって花は咲き
どんな力で香りを放つことができようか
私は凍えた目を開けてあなたを待つことができようか

吹雪が舞う冬の夜がなければ
どうやって寒さに震える者の凍てつく心を酌み
私の凍えた体を溶かす数坪ばかりの暖かい部屋に感謝し
今の自分を脱ぎ捨てた希望一つが大きくなりえようか

ああ　冬が来る
寒い冬が来る
震える冬の愛が来る

詩人パク・ノへの「冬の愛」という詩だ。この詩では、冬が暗鬱な時代の象徴として描かれているが、私にはこの詩がこの上なく素敵な愛の詩に感じられる。「冬がなければ／どうやって温かい抱擁ができようか」という詩人の言葉は、いくら厳しい寒さでも心身ともに寄り添い合えるという、愛と希望のメッセージを送っている。あの晩は真冬だったから、より一層母の温かい心が切なく、溢れるほどに感じられたのかもしれない。

こう考えれば、私たちの人生に冬があることにも意味があるのではないだろうか？　苦難に耐える時間も、果てしなく心身を消耗させるだけでなく、いつでもそばにある小さな温もりや愛の大切さを切に感じさせてくれる、希望の時間だと思えないだろうか？

秋史《チュサ》キム・ジョンヒの「歳寒図」という水墨画を実際に見たことがある（秋史は雅号の一つで、この水墨画は韓国の国宝になっている）。最初は何となく殺風景に思えた。ただ寒々しい木が数本と、粗末な家一軒だけがポツンと描かれていたから。だがこの絵が描かれた背景を知ってからは、まるで違って見えた。

「歳寒図」を描いた当時、キム・ジョンヒは権力闘争に巻き込まれ、遠く済州《チェジュ》島に流され幽閉されていた。長い幽閉生活で友人との連絡は徐々に途絶え、変わりなく連絡を取っていたのは弟子のイ・サンジョクくらいだった。彼は通訳官の出だったため、よく中国に赴いていたのだが、その度に貴重な書籍を購入しては、手紙と共に師匠に届けた。自分の出世や財産を得るために役立てられた貴重なものを、幽閉され続け世間に忘れられた昔の師匠に送ったのだ。

イ・サンジョクの手紙や贈り物を手にしながら、キム・ジョンヒは済州島に吹きつける海風をも退ける、微かだが消えない温もりを感じていたに違いない。そんな変わることない弟子の姿に思いを馳せていると、孔子の『論語』「子罕《しかん》」の一節が思い浮んだ。

寒さに見舞われてやっと、赤松や朝鮮松は枯れることに気づくのだ。

「歳寒図」は、まさに赤松や朝鮮松のように、何があっても最後まで変わることなく自分に接してくれるイ・サンジョクに向けられた、もはや紙と筆一本しかないキム・ジョンヒの真心だったのだろう。絵の右下には、「長母相忘」と書かれたハンコが押されているのだが、これは「いつまでも忘れずにいよう」という意味である。その絵には、寒くしびれる冬のような日々にも、変わらぬ姿でそばにいてくれるイ・サンジョクの心、その温もりが感じられる。

もしかしたらキム・ジョンヒは、幽閉生活という劣悪な状況に置かれていたからこそ、イ・サンジョクの変わらない心をより深く感じ、大切に思うことができたのかもしれない。厳しい冬のおかげで愛する人と手を取り合い、身を寄せ合う大切さを感じることができるのと同じように。

希望は人生で大きな役割を果たす真の力だ。希望は未来の光を現在に照らし、私たちが進むべき道を示してくれる。希望は、利得への期待と混同してはならない。希望は未来ではなく、すでに現在に効力を発揮しているからだ。

ドイツの哲学者ナタリー・クナップは『不確かな日々の哲学』という本で、希望についてこう述べている。間違いなく、私たちの行く先は明るいばかりではない。むしろその逆の場合が多いだろう。

だが、たとえどんな苦況にあっても、小さな愛や希望の種を見つけたい。私たちのそばにある、ささやかでも心温まるものを発見し、真冬の厳しい寒さをうまくやり過ごせれば、いつかまたふいに暖かな春の日に巡り合うことができるはずだから。

あてもなく歩きたい日

爽やかな風が気持ちよく頬を撫でる。肌寒いくらいでも、歩いていればたちまちぽかぽかしてくる。すれ違う人々の姿は清々しく、青空や白雲も美しい。辺りの風景を見ながらこんなふうに一歩一歩進めれば、不思議と活力が戻り気分も上向く。誰かと一緒に歩いてもいいし、一人で散歩するのもいい。旅先での散策もいいし、自宅近辺の散歩でも楽しい。何のあてがなくても楽しいのだ。

あなたは散歩が好きだろうか？　私は毎日欠かせないほど散歩が好きで、今も暇さえあれば、会社や自宅周辺を歩いている。

いつだったか〈人生の文章〉というオーディオクリップ録音のために詩集を物色してい

たところ、詩人チョ・ビョンファの「散歩」という作品に出会った。最初は題名に惹かれたのだが、内容も予想通り心に響くものだった。静かに味わっていると懐かしい誰かが思い浮かび、その人と一緒に歩きたい気分になる詩だった。

心からあなたと共に歩きたい道でした
心からあなたと共に座りたい芝生でした
あなたと共に歩いたり座ったりしたい
木　小道　噴水の芝生
黄色い蜜柑《みかん》の木陰の誰もいないベンチでした
心からあなたと共に寝そべっていたい南国の花畑
果てしなく咲き乱れる花畑
私の心はトンビのように陽明山《ようめいさん》の中腹
陽射しが暖かな空で翼はためかせ
会っては別れる人たちがまた恋しくなりました
心からあなたと共にずっと歩きたい道でした
あなたと共にずっと座っていたい芝生でした

この詩を読んだら、ある人の顔が浮かんできた。私と同じく散歩が好きで、文学を愛した大学時代の友人だ。そこで久しぶりに連絡を取り、会う約束をした。再会してあれこれ話をしながら食事を楽しみ、その後コーヒーでも飲もうかと私が誘ったのだが、その友人はにっこり笑いながらこう言った。

「散歩という詩のおかげで再会できたんだから、久しぶりに散歩でもしようじゃないか」

大学生の頃はたまに一緒に散歩したが、卒業して社会人になってからは、わざわざ時間を作ることもなかった。その友人とだけでなく、誰かと散歩する機会はもうほとんどなかった。人と会うときは普段、会議室やレストラン、カフェなど室内を選ぶから。ただ、そんな閉鎖的な空間で話をすれば、話の糸口がつかめなくなる瞬間も訪れる。いくら話がよく通じ、様々な話題で会話が弾んだとしても。しかしあの日、友人と一緒に歩きながら話した内容は、何かいつもと違っていた。

「久しぶりに散歩すると、やっぱりいいね。スンファン、こうして歩いていると何がいいかわかる？」

「まあ、健康にもいいし、天気がいいと気持ちいいし」

「それもそうだけど、一番は会話を楽しく続けられるってことだよ。歩きながら変わっていく風景だけとっても、話は尽きないからね」

その通りだった。あの日の私たちの会話は、途切れることを知らなかった。通り過ぎる車から通りの名前、あの店はどうしてあんなに賑わっているかという些細なことから、これからどう生きていくかという真剣な話まで、実に多方面に及んだ。散歩に魅力的な力があるということを、改めて感じられた日だった。

こんな誰かとの散歩もいいが、ときには一人で歩くことも大きな力となる。十八世紀、フランスの思想家ジャン゠ジャック・ルソーは、散歩者としても非常に有名だった。特にパリ郊外を一人で歩くのが好きだったという。

当時すでに名が知られていたが、彼の日常は不幸の連続だった。時計師の息子として生まれ、つらい幼年期を過ごし、偏見に苦しめられ、多くの人々との狭間で葛藤を経験した。宗教界を批判したことで世間から非難され、迫害されたこともあった。このように苦悩を経験した彼が、晩年自分の正直な心情を込めて書いた最後の未完の作品が、まさに『孤独な散歩者の夢想』だった。

この孤独と瞑想の時間こそ、一日のうちで私の心を他へ向けさせるものもなく、邪魔するものもなく、完全に自分でいられ、自分自身に集中できる時間である。そして、自然が望む通りの私であると心から言える唯一の時間なのである。

自分の疲れた心を癒やしてくれたのは散歩による孤独と瞑想の時間だったと、ルソーは語っている。私たちは数多の困難に直面し、偏見に悩まされることもある。そんなとき最も必要なのは、他人の視線に振り回されず、自分を愛しながら世間に毅然と立ち向かう態度だ。だが、実のところ、そんな態度をとることは言うほど簡単ではない。

他人の視線に振り回されることなく堂々とした生き方をするには、多くの練習が必要だが、完全に自分に集中できる散歩はかっこうの練習方法ではないだろうか。一歩ずつゆっくり踏み出していけば、いつしか集中力が高まり、自分だけの特別な価値を見出せるのだから。

散歩にはそもそも、人生に新たな息吹を吹き込む効果がある。ルソーだけでなく、多くの哲学者や芸術家が散歩を楽しむ理由がそこにある。哲学者カントは時計にも勝るほどの規則的な生活をしたことで有名で、人々は彼と散策ですれ違えば時間がわかるほどだったという。またドイツのハイデルベルクにはゲーテ、ヘーゲル、ハイデッガーらが親しんだ遊歩道「哲学者の道」もある。楽聖と呼ばれるベートーヴェンは、軽快に田舎道を歩く雰囲気を醸し出す交響曲『田園』を作曲し、詩人ボードレールやランボー、思想家ヴァルター・ベンヤミンも散歩者として有名だった。哲学者ニーチェは「すべての偉大な思考は歩くときに浮かぶ」と語るほど、散歩を愛した。

実際こんな逸話を引き合いに出さなくても、私たちが散歩をすべき理由ははっきりしている。一番大きなメリットは、歩くことさえできるなら、誰でも、いつでも、どこででも散歩できるという点だ。その気になれば、自宅前の小道も立派な散策路になる。毎日歩いているのに、あえて散歩までする必要などないと反論する人もいるかもしれない。だが、決められた目的地があって歩くのと、ただ歩くだけの散歩は全く別物なのだ。

歩くことに、いつも必ず目的地が必要なの？
人生だって、散歩するようにただ歩いても悪くなさそうだけど

作家イ・エギョンは、エッセイ『涙を止めるタイミング』で散歩が持つ最大の魅力、すなわち何のあてもないという特徴をこのように表現している。散歩は特別な目的を持たな

いから、その空間を自分だけに集中させることも、共に歩く人と深い話をする時間に充てることもできるのだ。

もしあなたが何事にも意欲を欠き、やる気を失っているなら、今の人生がとてもつらく苦しいなら、そんな心をなだめてくれる散歩を通して、人生の余裕を探してみるのはどうだろう？　一人でもいいし、誰かと一緒でもいい。散歩は一番手っ取り早いだけでなく、豊かな気づきを与えてくれ、生きる力の源となる小さなオアシスなのだから。


誰にでも、夢見ていた目標をもう達成できないと気づく瞬間があるだろう。もしかすると、もともと確たる目標などないこともあるかもしれない。そんなとき、私たちは失望や挫折をすることもあれば、憂鬱な感情に陥ることもある。

だが、人生にはいつも目的が必要なのだろうか？　先に挙げたイ・エギョンの言葉のように、人生を散歩するように、ただあてもなく歩いてみてもいいのではないだろうか？いつでもどこかに目的地を定め、そこにだけ向かう必要はない。ときには一人悠々と、あるいは好きな誰かと囁き合いながら、ぶらぶらする時間を過ごすことにも十分意味がある。

辺りを見回す余裕もなく、ただ先を目指して歩くべきときも、きっとあるだろう。ときには全速力で駆け抜けないといけないこともあるだろう。だが、そうやって駆け抜けて目的地にたどり着いたとき、途中の風景は全く頭に残っていない。全力疾走して目標達成する瞬間も重要だが、目的地のない散歩の時間も、私たちには必要不可欠だ。人生は、誰がいつも一番早く時間内にゴールに達するか、そんなことを競うかけっこではないのだから。何かにつけてむやみに焦ったり、慌てふためかなくてもいい。散歩をするように、ゆっくりと周囲の風景を堪能する時間も、私たちには必要だろう。日々の悩みは一旦忘れ、愛する人と共に歩きながら仲睦まじく話をする時間ほど、私たちを幸せにしてくれるものはないのだから。また、ときには一人で散歩をしながら、自分だけを見つめる時間を持つことも大切だから。

自分の心に耳を傾け
一歩一歩力強く歩んでいけますように。

その道にあなたより大切な存在はないから
どこへ向かおうと、どう向かおうと
そのすべての歩みを愛せますように。

みんながそうやって
一人で、あるいは共に
どこまでも歩きながら
人生という散歩道を
うまく歩んでいけますように。

初雪のくれるときめき

私たちは、どれほど多くの「初めて」に直面しているだろうか。この「初めて」という言葉には、やたらとドキドキしたり臆病になったり、特別なものを感じる。初登校、初出社、初恋、初失恋、初雪、初旅行など、「初めて」をつけると、不思議なくらいそれまで平凡だった単語がたちまち胸を熱くする。

私も今まで数多くの「初めて」を経験したが、一番印象に残っているのは小学生のとき、初めて自転車に乗れた日だと思う。幾度も転んでは、とうとう気分よく風を切って公園を駆け抜けたあの瞬間の喜びは、今でも忘れられないほど鮮明だ。

人生最大の転換期となる「初めて」もあった。何年か前、会社と自宅を往復する人生に疲れ、未来への不安で悩んでいたときのことだ。毎朝、起きるのがつらく、夜は寝付けなかった。一ヶ月近くそんな悩みだらけの日々を送っていたところ、ある日突然ひらめいた。

それこそ、悩みや心配のアイコンとも言えるシェークスピアの名作『ハムレット』を引っ張り出して読んでみれば、解決法が見つかるのではないかという考えだ。そうして毎晩『ハムレット』のページをめくっていたら、こんな文章に出会えた。

思ったことをむやみに口に出すな。とんでもない考えを軽々しく行動に移してはならぬ。人に親しむのはいいが、なれなれしくはするな。とりあえず友人と付き合い、確かな友情が見えたなら、たとえ鉄のたがでしばりつけても離すな。だが、頭の血が乾かぬヒヨコのような者たちと誰彼構わず握手して、手の皮を厚くするな。(……)何よりも自己に忠実であれ。そうすれば、夜が昼に続くように、間違いなく他人に対しても忠実になるはずだ。

これはポローニアスから息子への助言なのだが、私には「何よりも自己に忠実であれ」という文章が深く心に刺さり、私が本当に望むことは何か、じっくり考えた。そしてそれはまさしく、人々に共感と癒やしを届けられる文章を書くことだと気づいた。自分が読書を通じて経験したように、本や文章を通して、一人ではなかなか克服できない困難に直面している人々を勇気づけたいという思いが眠っていたのだ。その後私は勇気を出し、処女作『自分にかけたい言葉 ～ありがとう～』を執筆するに至った。

最高に嬉しく楽しい「初めて」もあった。初めて愛する人に会った瞬間だ。しとしと雨が降っていたある日の夕方。友人が、本当に素敵な女性だからと紹介してくれた彼女と、地下鉄駅前で初めて会う約束をしたときのことだ。遠くから、ブルーのワンピースに白い傘をさした誰かが近づいてきた。妙なことに、顔を見る前から私に縁のある人だと確信していた。ぎこちない初めての挨拶を交わし、夕食を共にする場所に移動したのだが、ふと同じ傘に入りたくなった。私もカバンの中に傘を持っていたのに。

「傘を忘れてしまったからというのもなんですが、一緒に入ってもいいですか?」

「ええ、そうしましょう」

突然すぎる私の言葉に、彼女は軽く戸惑いを見せたものの、笑みを浮かべながら受け入れてくれた。そうして一本の傘に入り、雨の中レストランまで歩いた。あのときめきは、今でも忘れることができない。雨音と車の音までロマンチックに聞こえた。あの日、私と彼女はレストランからさらに居酒屋に場所を移し、話が尽きることはなかった。

人々は、なぜ初雪が降るとあんなに心弾ませるのか。なぜ初雪が降る日に限って誰かに会いたくなるのか。一体どうしてそうなるのか。おそらくそれは愛し合う者だけが初雪を待ちわびているからだろう。初雪が降るような世界に、いつも二人が置かれたいからだろう。

詩人チョン・ホスンのエッセイ「初雪が降る日に会おう」の一節だ。初雪についての切ない気持ちを美しく表現している。ほぼ毎年降るのに、私たちはいつも初雪の美しさを語ってしまう。初雪が降る日に会おうと約束する人々がいるから、初雪という言葉に切なさが重なるのだろう。そういう意味でも私たちは、初雪を心焦がして待ち望むようにしてくれる、今私たちのそばにいる大切な人を大事にすべきなのだ。

愛する人がいるなら、切なく待ち望む美しい初雪のように愛してほしい。愛する人がいて、その人と共に毎年初雪を待ちわびることができるのは、どれだけ大きな幸せだろうか。

毎朝、目覚める瞬間から、私たちは新しい今日と対面している。愛する人に出会うかもしれないし、好きなことや幸せなことで一日を満たすことができるかもしれない時間の始まりなのだ。私たちはみんな一度きりの人生を歩み、生まれてから死ぬまで、人生のすべての瞬間が初めてである点を考えれば、これから訪れるすべての瞬間に意味があり、愛すべき価値があると言える。最後に、修道女イ・ヘインの「時間の贈り物」という詩を通して、新たに始まる瞬間の大切さを、もう一度感じてもらえたら嬉しい。

私が生きているから
新たに出会う時間の顔
今日も私と共に起き
草色の新しい服を着て
にっこり笑っていますね
一日の始めに
洗顔する私の顔にも
朝の挨拶をする
家族の声にも
出かける
私の靴の上にも
ときは静かに座っていて

早く愛してと
私を催促しますね
生き生きと私に付いてくる時間が
こんなにも心躍らす贈り物だとは知らなかったわ

あなたが始める初めての瞬間が、その度に燦々《さんさん》と光り輝きますように。
愛を分け合い、人生の喜びを分かち合う
新しい人生でありますように。
つらさを克服し、絶望を乗り越える
一筋の希望の光となりますように。
そうして初めての、その始まりが
いつも心躍らす贈り物になりますように。

あなたのささやかな日常

今日の出退勤時や、登下校時の風景を覚えているだろうか？　雲の模様やすれ違う人の表情はどうだったか、思い出せるだろうか？　おそらく、ほとんどの人が答えに窮するのではないかと思う。私たちはこのように、些細なことを気にも留めずに暮らしている。毎日懸命に前だけ向いて走っているから、見過ごしてしまうのだ。

忙しいし、今我慢すれば後で楽ができるからと言い訳して、私もまた、ささやかだが大切な幸せを逃していた時期がある。小さな幸運に感謝することも忘れたまま過ごし、日々私を大切にし、気遣ってくれる人たちを気にかける余裕すら持てなかったのだ。だが、周りの大切な人々とのささやかな幸せすら感じられないとしたら、いくら大きな目標を達成できたところで何の意味があるだろうか？　人生とは、結局ささやかな日常の積み重ねで、毎日の幸せがあってこそ、幸せなものになるのに。

幸せとは、そんなに大げさなものである必要はないと、今になってやっとわかった気がする。長期的な目標を立て、それを達成させることも大事だが、現在を疎かにしてもいけない。今日を一生懸命生きたら、その日の疲れが残らないよう、小さくても自分にとってかけがえのない幸せを見つけて充電するべきなのだ。それは本当に特別なことではない。たった一杯のお茶、一つの菓子で、疲れた一日は癒やせたりするのだから。

私はマドレーヌの一きれをやわらかく溶かしておいた紅茶一さじを、機械的に唇に持っていった。しかし、お菓子のかけらのまじった一口の紅茶が口の裏にふれた瞬間、私の体の中に起こっている特別なことに気づいて、びくっとした。原因のわからない快感が私をとらえ、孤立させた。その快感はたちまち私に人生の転換を無縁のものとし、人生の災難を無害と思わせ、人生の短さを錯覚だと感じさせたのだった。あたかも恋の働きと同じように、そして何か貴重な本質で私を満たしながら、というよりも、その本質は私の中にあるのではなくて、私そのものであった。私は自分をつまらないもの、偶発的なもの、死すべきものと感じることをすでにやめていた。

マルセル・プルーストの『失われた時を求めて 一』の有名な文章だ。小さなマドレーヌ一かけらで人生の苦悩から解き放たれ、幸せになる過程がよく表現されている。とてつもなく膨大な長編小説だが、個々の内面を深く描写しており、心に強く響いてくる作品だ。特別な事象や時間の流れを軸に話が進められるのではなく、ひたすら主人公が自分の内面の意味を探す過程に集中している。

ある人にとっては、マドレーヌ一かけらは甘く、一口、二口、口に含めば、なくなってしまう些細なものに過ぎない。しかし、ある人にとっては、その一かけらでずっと豊かな気持ちになれ、時空間を超えられるかもしれない。そんな人には、マドレーヌは平凡な菓子一つ以上の大きな意味合いがある。再度言うが、プルーストは些細と思える物一つにも、人生最大の喜びが詰まっているかもしれず、どんな困難にも打ち勝つ強い力があるという事実を、あまりにもよく理解していた。

あなたにとっての、マドレーヌ一かけらは何だろうか？　この文章を読むことが、あなたを幸せに導いてくれる大切なものについて考える契機となれば嬉しい。

私はこのように、ささやかなことが持つ力に関して、少しだけ理解していると思う。ただ好きな文章を一緒に楽しみたいという小さな思いで始めたことが、以前は考えもしなかった作家としての人生に発展したのだから。

些細でも、楽しみながら絶えずできる何かがあること、これはまさに幸せを見つけられる秘密の鍵だ。幸せをあまり誇張して考える必要はない。ただ美味しいものを食し、旅行するでもいいし、集まりに出かけ、他の人とあれこれ話をするのもいい。人生が大きく変化することはなくても、日常のささやかな喜びを知る人は、世の中をもう少し余裕を持って眺めることができ、心穏やかになれるだろう。ただ、これは他の誰かが見つけてくれるものではない。各自が見つけ、作り出すものなのだ。随筆家ヘンリー・デイビッド・ソローは『ウォールデン』で、このように話している。

私たちが素朴かつ賢明に生きるなら、この世での人生はつらい試練ではなく、楽しい遊戯となるはずだ。私はこれを信念と経験を介して確信している。

ささやかな幸せについては、ソローなくしては語れない。彼はアメリカのマサチューセッツ州コンコードにあるウォールデン湖畔で、二年二ヶ月もの間、一人で暮らしながら自然を礼讃し、文明の野蛮性を批判するエッセイを書いた。彼がウォールデン湖にどれほど愛着を持っているかというと、「私はウォールデン湖のように高潔性と純粋性を見事に保ったものを見たことがない」と告白したくらいだ。私も個人的に本当に愛着がある本で、いろいろな出版社による翻訳本を所持している。自然にまつわる細密で感性的な表現や描写も魅力的だが、何よりも人生と自由について深い洞察で綴られた、意味深い一冊だ。

ソローはウォールデン湖畔に自分で家を建て、薪を割り、農作業をしながら生活した。日の出と共に働き始め、日が暮れれば仕事を終える。自然に順応しながら、流れた汗の分だけ見返りを受ける暮らしをした。きついが充実した一日を終えれば、読書や執筆の時間を過ごした。自分の仕事に最善を尽くし、小さな幸せを思い切り満喫した人生。彼が文章や態度で身をもって示したこんな素朴な人生のあり方こそ、物質的には満ち足りていても、精神的には限りなく疲弊する日々を過ごす私たちが学ぶべき姿勢ではないだろうか？

社会学理論に「割れ窓理論」というのがある。割れた窓ガラスを道に放置するだけで、都市全体の犯罪が増加しえるという、些細な無秩序が大きな社会問題につながる事実を明示した理論だ。

この理論は個人的関係にも適用させることができる。例えば恋人や友人がひどく言い争う場合、それは単にいくつかの問題が浮上したせいではない。長い間に小さな誤解や感情のもつれが積み重なり、それが一気に爆発してしまったのだ。そのとき、「一体何でこんな些細なことで怒るの？」と聞くのはお門違いである。些細でないその状況は、些細なことが長い時間を経て巨大化した結果、生まれるものだから。

アドラーは、それぞれのパートナーが自分のことよりも、相手にこそより関心を持たなければならず、そのことが愛と結婚が成功する唯一の基礎である、そして、相手により関心があれば、二人は対等であるに違いないといっています。

哲学者であり、アドラー心理学の専門家でもある岸見一郎は『愛とためらいの哲学』で、愛の基礎は相手に関心を持つことだと記している。相手に関心を持つということは、その人の日常での些細なことをも知りたいと思う気持ちだ。例えば、昼は済ませたか、今どんな気分なのか、今日は一日何事もなかったかと、常に気にかけるように。愛は、毎日の特別なイベントでつなぎ止められるものではないと強く伝えたい。私が好きな歌手、10cm《シプセンチ》の歌詞にあるように、「喫茶『天の川』の扉の前で会い、紅茶とアイスコーヒーを飲みながら、毎日同じ歌を聴いていたら訪れる」のが愛なのだ。

人生のほとんどは、ささやかで平凡な日々で占められる。その日常を大切に思える人、些細なことにも感謝の気持ちを持てる人になりたいと強く願う。愛する人の小さな行動にも関心を傾け、思いやりの気持ちを忘れずに。

小さなことが積み重なり人生になるのだから
お互いにささやかな喜びを届けられる
そんな人になれますように。

幸せは大げさなものではないのだから。
人生は日々の小さなことでも
十分に幸せになれるのだから。

それは青春だから

若者は特別な理由もなく笑う。
それが若者の大きな魅力の一つだ。

オスカー・ワイルドの『ドリアン・グレイの肖像』にある言葉のように、理由もなく笑うことさえ魅力となり、何かと不器用な姿でさえ美しい時期。どこまでも熱したと思ったら突然冷めることもあるし、簡単に傷つけ合う熱病にも似た時期。まさに青春。誰でも必ず一度は通るこの時期は、青春真っ只中の人にも、もう青春を過ぎた人にとっても、いつでも興味津々の話の種となる。

私の青春といえば、特に明確な目標もなかったように思う。ただ流されるまま、置かれた状況をうまく切り抜けるだけだった。本当に失敗まみれではあったが、その時期も悪くなかったと思う。むしろ楽しかった。言葉通り、日々心向くままに生きていた頃だったから。何かに取り憑かれたように衝動的に動いていたし、真剣だった。なぜあんな行動ができたのか思いを巡らせると、単に「青春だから」という答えしか浮かばない。

歌手のキム・グァンソクも生前、コンサートで青春についてこう語ったことがある。

自分探しのためにドタバタもがきながらも何とか進み、可能性も見出して自分なりに主観的であれ、一般的であれ、客観的であれ、期待を抱きながら過ごすのです。自信を持って臨んだことをやり遂げられず傷つくこともあれば、痛みを胸に抱えることもあります。それでもプライドはあるので、ガラスのように日々を過ごすのです。刺激があれば、弾《はじ》き返すか、自ら割れてしまうか。

このように、青春はガラスのように繊細であっても、刺激を受けることを恐れたりはしない。弾かれようが、割れようが。それほど勇気に溢れ、好奇心旺盛なのだ。誰かがこう言っていた。この好奇心を失くした瞬間、青春は私たちから去っていくと。三十歳になり四十歳を迎え、歳を重ねるほど、刺激を遠ざけるようになり、好奇心も失くなる。鈍感になるのだ。勇気を持って挑戦するというより、慎重になり、あれこれ考えが先立ってしまう。そして、自分でも気づかないうちに少しずつ遠ざかる青春。その燦爛《さんらん》たる時期を懐かしむようになる。

過ぎ去りし青春を惜しむ気持ちはここまでにして、今この美しい時期を過ごす人へ贈りたい一篇の詩がある。

君の家が、歌い、愛し、笑い、泣くようにするのだ。まさにそこで
生きなければならない。屋根を覆い、君の人生の境界線を引かなければならない。
静かな洞窟でかすかにため息だけつき、
君の暗い内面の思考に
漠然でありつつも、柔和な生と計り知れない時間を照らしながら、
またそれと同時に、堂々としていながらも、彷徨いがちの
君の幻想を自然に委ねて追い、世を離れ、
君から遠く、君の深紅の地平線のかなたへ、

君の詩を眩しい陽射しの下で進んでいけるようにするのだ。

「ある詩人へ」という詩の一部だ。この詩を書いたヴィクトール・ユゴーは小説『レ・ミゼラブル』や『ノートルダム・ド・パリ』で有名な作家で、フランスロマン主義時代を代表する詩人でもあった。題名の通り、もともと詩人を対象として書かれた作品だが、私はこの詩が今、青春を過ごす若者へも大きな勇気になると信じる。それは、次のメッセージがあるためだ。「自ら歌を歌い、人を愛し、笑い、泣きながら、感情に忠実に生きろ。内面を振り返り、生を考えつつ、自ら進んで幻想を追え。君の詩を眩しい陽射しの下で進んでいけるようにするのだ！」

現実でも、ユゴーは誰よりも自身の気持ちに忠実で、熱い青春を送った人物だった。若干二三歳のときにフランス王室からレジオン・ドヌール勲章を受章するほど、文学活動に情熱的だった。ナポレオン三世のクーデターの際、反対派として弾圧対象になり、十九年もの間、亡命していた。彼の代表作『レ・ミゼラブル』は、ジャン・バルジャンの話としてよく知られているが、それに次ぐ比重で、革命の時期を駆け抜ける青春期の若者の熱い愛や夢、情熱が語られている。熾烈《しれつ》な青春を生きた彼だからこそ、先のような熱い詩を残すことができたのだろう。

青春という言葉は、その時期を過ぎた者には憧れにも似た懐かしさやときめきを残し、今青春を過ごす若者には、無限の可能性を見せてくれる。いつも路頭に迷い不器用だが、すべてが経験となり、いい思い出に変わる。もちろん苦難や痛みも多々伴うが、勇気さえ失わなければ、一度きりのあの時期を美しく花咲かせる潜在力が若者にはあるのだ。気後れすることなく、あらゆることを直接体験しながら、堂々と自分だけの詩を書いていく力が。
私はオーディオクリップ〈人生の文章〉を進行しながら、青春にある者を励ます文章を紹介したことがあるが、そのうちの一節を引用しながらこのテーマを終えようと思う。作家パク・ウンヒョンの『八つの言葉』に出てくる文章だ。

人生の正解を探しませんように。解答を作っていけますように。
明日を夢見ませんように。充実した今日は、つまり明日だから。
他人を羨みませんように。多くの欠点があったとしても私は私。
時流に飲まれませんように。今は流れ、本質は残るもの。
助言者をやみくもに信じませんように。すべての助言は参考程度なのだから。
この本の内容はすべて一意見と受け取られますように。
あなたの心の中の裁判官と相談しながら、

あなただけの人生をしっかり進んでいけますように。
あなたという一人の人間を尊重することだけは、決して忘れませんように。

自分の心に正直になり、人と比較したり重要な問題を避けたりせず、与えられた日々を全力で幸せに生きないといけない。学業であれ、恋愛であれ、友情であれ、旅行であれ、すべてを楽しむ資格があなたにはあるのだから。ウィンドサーフィンを楽しむ人のように、目の前に近づく波に心躍らせながら、しっかり向き合おう。九九回失敗し、一回しか成功しないとしても、その一回の成功のために喜んで高波を迎えられること。それがまさに、青春にある者だけが味わえる特権なのだから。

大人の時間が始まっても

いつの間にこんなに年をとったのか、鏡の中に随分大人になった自分を発見したとき、何だか違和感を抱くことがある。大人になって日が浅いわけでもないのにと思うと、苦笑いばかりが出る。アルバムに残る、明るく笑う子どもやギャグ好きな少年、そして活発な青年の姿はどこに消え失せてしまったのか。わけもなく虚しい。

子どもの頃、私は漠然と大人にさえなれば知識が増え、可能性も広がるものだと信じていた。当時の私を縛る規則は、あまりにも息苦しかった。毎日制服を着て、試験をこなし、あらゆることを先生や両親に管理されるのはもどかしかった。

しかし、いざ大人になると、学生時代よりもずっと高くそびえる壁が行く手を阻んでいた。その上、学生のように自分だけ頑張れば何とかなるわけではなく、家族や同僚など周囲の人々にも配慮しなければならない。何ごとも心のままになるどころか、むしろ義務が増えた気がした。

だからだろうか。時折、学生時代が懐かしくなる。学生の頃、確かにもどかしいと感じた生活は、今にして思えばずっと自由だった。大人にはこんなにも責任がついて回るのだと知っていたら、子どものままでいればよかったと、考えることもある。

大人として生きることは、なぜこんなにも難しく、疲れるのだろうか？　少しずつ経験を重ね責任を大きくしながら、もう少しゆっくりと大人になれたらよかったのに。あまりにも突然大人になったような気がして、自分を持て余しているのは私だけだろうか？

毎年少しずつ年をとり、
毎日少しずつ人生が複雑になるのです。

吉本ばななのエッセイ『おとなになるってどんなこと？』の本紹介で目にした文章だ。これを読むと、先の気持ちが正当化されたようで、多少は気が楽になる。子どもの頃に読んでいたら、今のようには心に響かなかったかもしれない。それでも大人になるにつれ、毎日少しずつ人生が複雑になるという言葉が、なぜこれほど共感できるのだろう。人生をいくら単純化しようとしても、日々押し迫る人生の課題を前に、どうしても複雑化してしまう。こんな心情に共鳴する多くの大人たちに、この本の一節を届けたい。

「大人になんかならなくっていい、ただ自分になっていってください」

ということです。それがみなさんがこの世に生まれてきた目的なのです。

ただ自分になっていくこと、それがこの世に生まれてきた目的であるという文章に、私は勇気づけられた。私たちは、大人になれば大人なりのわきまえた行動をとり、責任感という重荷に苦しめられたりする。しかし、本当にそういう世の中の基準に従い、他の人の視線だけを気にするのが、大人なのだろうか？　みんながそんな大人になる必要はないだろう。

私は今でも、大人になりきれていないと自覚している。分別がないと責められても、どうすることもできない。他人の視線を意識し、不必要に多くの荷を背負って生きるのは、自分を苦しめるだけだ。そんな荷など背負わず、私たちはただ、自分の思うままに生きればいい。

もちろん、世の中は私たちをそっとしておいてはくれない。長年にわたり会社員生活を送りながら、社会が思い通りに動かないことは身をもって学んだ。学校で教わる専門知識も社会ではたいして役に立たず、能力より気遣いが物を言う場合も多い。頭に血がのぼり、悔しい思いをしたことも数えきれない。会社からの帰り道、空を見上げてため息をついたことは、一度や二度ではなかった。私の味方だと信じていた友人が、私の気持ちを理解してくれないこともあれば、職場の先輩は、いざ助けてほしいときに頼りにならないことも多い。かえって彼らが、私に重荷を背負わせることすらある。

このように、私たちが向かう人生という海原は、決して穏やかではない。人生はいつでも揺さぶられ、家庭にも職場にも、幾度となく急な荒波が押し寄せる。いくらまっすぐ立っていようとしても、簡単になぎ倒される。平気だと思っていても、どっと涙が溢れることもある。つらくても大人は平然と生きるものだ、と言われても、まだそんなそぶりはできず、無理やり涙を堪えようとしたことは数知れない。

でも、こんなふうに耐える必要はない。大丈夫。疲れたら正直にそう口に出せばいいし、涙を流せばいい。すごく疲れたときは、体を沈ませ少し休むのもいい。大事なのはたった一つ。自分の人生の舵取りを、他人に任せてはいけないということだけだ。

すべての人に課されるものは、たった一つだ。すなわち自分自身に向かうことだけ。（……）関心を持つべきものは、任意の運命ではなく、自分だけの運命を見つけ出し、その運命を自分の中で力の限り全うすることだ。

ヘルマン・ヘッセの『デミアン』は、私たちが本当に関心を持つべきものは、自分の思考と趣向、人生とその姿勢だけだという事実に気づかせてくれる。他人と社会に決められた枠に無理やりはめられることなく、自分だけの運命を探し出さないといけないのだ。残念なことに、私たちは幼い頃に抱いた夢を、大人になるにつれ見失うケースが多い。大抵の人が世の中と折り合いをつけ、心から望む、本当に自分の運命と思えることを追求しなくなる。そんなことをする人を、非現実的な妄想家と決めつけて。

しかし幼い頃と同様、大人になっても私たちは、私たちとして生きるしかない。したがって、本当に幸せを願うのなら、他人の視線や社会的基準ではなく、自分の運命、自分の思考、自分の人生のあり方を見つけ、それを守ることが優先されなければならない。どうすれば「正しい大人」になれるかどうかなんて、悩むのはやめよう。ひたすら自分だけの運命を探し求め、その人生を全うできればいい。このような教訓を教えてくれる作品『デミアン』は、読む度に感慨深い。大人になって読み返すと、また新たな発見に出会える。

今日の一日も無事に終え、私がしたことに満足します。私は幸せで満ち足りており、これ以上のいい人生はありません。人生が私に与えてくれたもので、私は最高の人生を歩んできたのですから。結局、人生というものは、私たち自身が作り上げるものですから。いつもそうやって、この先もずっとそうあり続けるでしょう。

『人生に遅すぎることはない』を執筆したモーゼスおばあさんは、幼少期から画家になりたかったが、彼女の育った環境はそれを許してくれなかった。だから七五歳になって、初めて絵を描き始めたのだ。さすがに始めるには遅すぎるとみんな口々に言ったが、モーゼスおばあさんはそんな言葉をものともしなかった。その後二十年以上画家活動を続け、千六百点余りの絵を描いたのだ。九三歳のとき、『タイム』誌の表紙を飾ったこともあった。韓国にも七十歳を過ぎてからユーチューブチャンネルを開設し、今では世界的に有名なクリエーターとして盛んに活動しているパク・マクレおばあさんがいる。

こういう人たちに対し、機を逸したとか年を取りすぎたという言葉など、何の意味も持たない。そんな世の偏見は、何のハードルにもならない。特筆すべきは、ひたすら自分が楽しみたいことを、勇気を出して実践に移しているということだ。

与えられた日々は、私たちだけのもの。いくら立派な人でも、その一日を誰かの代わりに生きることはできず、誰であれ、誰かと全く同様の人生を生きることはできない。私たちはみんな、この世界でたった一人の存在。そんな自分をより大切にし、愛でながら、幸せを感じられる人生を生きるべきなのだ。そしてその人生は他の誰でもない、自分で作るものである。

あえて大人らしく生きてみたり、立派に生きようとしなくていい。この瞬間に心から望むことをし、全力を尽くして自分らしく生きるなら、十分に価値ある人生だから。

無理に頑張らなくても大丈夫

誰にでも、癒やしが必要なときがある。疲れ果てていたり、寂しかったり、悲しい出来事があったり、とても落ち込んだときなど。一人では解決できないことに悩むとき、私たちは誰かの肩を借り、「元気出して」と励まされ、慰められる必要があるのだ。

だが不思議なことに、「元気出して」という言葉を持て余し、本心に感じられない場合がある。慰めてもらっているのに、慰められない。そんなときに必要なのは何だろうか？

本当に何の励ましも慰めもいらないなら、そのまま放って置かれたいのだろうか？

いや違う。そんなときに必要なのは、もう少し頑張ってという言葉ではなく、今のままでも何の問題もないという言葉、私の存在自体をあるがままに認めてくれる言葉なのだ。

あれは私がほやほやの新入社員で、仕事を学び始めた頃のこと。当然ながら何事にも不慣れで、緊張の糸を張り詰め、人の目ばかり気にしていた。コピー機と自分の席を、行ったり来たりするだけ。そんなある日、部長がすれ違いざまに私を呼び止めた。

「君、まだきちんとした仕事がないよね？　競合他社の商品を一度分析してみたまえ」

まだ部長が苦手な頃だったから、具体的に何をすべきか聞くこともできず、「はい」とだけ即答し、席に戻った。いざパソコン画面を前にすると、自然と冷汗が流れ始めた。社内ネットワークとインターネットを駆使し、頭を掻きむしりながら作業した。うまくできたかどうか、全く手応えがつかめなかった。先輩たちを頼ってアドバイスを求めたが、みんなの答えはこんなものだった。「う～ん、もうちょっと整理したらいいんじゃないかな。頑張れよ」「君ならできる！　ファイト！」


そうして数々の「激励」や「労《ねぎら》い」の言葉をかけてもらったが、期待したアドバイスはもらえなかった。暗闇に放り出された気分だった。いつの間にか退社時間を過ぎていたのだが、ちょうどそのとき、外回りを終えた先輩が会社に戻ってきた。救済者に出会った気分だった。先輩は十分に話を聞きながら、私の資料を細部まで見てからこう言った。

「随分一生懸命やったね。このままでも十分だけど、この部分だけもう少し補完すればいいんじゃないかな」

一日中、どこか虚しい励ましの言葉だけを耳にし、疲れきっていた私に、心の込められた「一生懸命やった」「このままでも十分だ」という言葉が、どれほど大きな支えになったことか。

会社以外でも、似たような状況に置かれたことがある。全く同じ言葉でも、真心を感じ元気が出ることもあれば、反対に全く救われないこともある。ただ「頑張れ」「一生懸命やれ」と言われても、誠意も感じられずに頑張れるわけなどない。本当につらい人が求めているのはそういう言葉ではなく、まずは自分の話に心から耳を傾けてくれること、そしてその状況を理解してくれることなのだ。

頑張って、とは僕はいいたくない。頑張れ、という励ましの言葉を期待しているのなら、それは今の君には全く逆効果ではないかと思うんだ。がんばれ、がんばれ、と励ます歌ばかりが氾濫《はんらん》している世の中、もうみんなそういう言葉では本当の力は出ない。がんばらなくてもいいんだよ、と僕は言いたい。

そうだよ、今の君には、がんばらなくてもいいんだという言葉を贈りたい。がんばりすぎて、違う道や世界に君がそれていってるような気がしてならない。がんばらなくてもいいのか、と思うと気が楽になるだろう。人間本当はがんばる必要なんかないんだ。そう思うとおかしなもので逆に力が出てくる。だめになる人というのは、自分に負担をかけすぎてしまう人たちなんだと思う。がんばらなくてもいい、自分のペースで進んでいけばいいんだ。

辻仁成の小説『愛をください』の中の文章だ。最近になって、前にも増して私の頭の中から離れない一節でもある。今私たちが一番欲している言葉は、おそらく「頑張れ」ではなく、「頑張らなくても大丈夫」という言葉だろう。

「大丈夫」「よくやってる」「これ以上頑張らなくていい」。とてもつらいのに座り込むこともできず、必死に耐え、立ち尽くすことしかできない人たちには、こんな言葉が大きな慰めになる。「がんばりすぎて、違う道や世界に君がそれていってるような気がしてならない」「人間本当はがんばる必要なんかないんだ。そう思うとおかしなもので逆に力が出てくる」という言葉は、私たちが頑張る理由が他の人のためではなく、自分のためだということに気づかせてくれる。

人にはそれぞれ、適当な速度がある。無理に疾走しようとしたり、他の人や会社のペースに追いつこうとする必要はない。むしろそうすることで、いざというときに頑張れず、道半ばで倒れてしまうこともあるのだから。走り疲れたなら、無理することはない。そんなときは、少し休んでからまた進んでもいい。

うまくやりたかったけど、能力はここまでしか及ばなかった。そんなときに使う最善という言葉。そう、本当に不思議で殊勝な言葉。あれから多くの時間が流れ、大人になって、社会人になった。社会では最善を尽くすのが基本だった。だから独り言ならともかく、人前では下手に最善なんて言葉は口に出さないようになった。思い通りに生きられずに時が流れるとき、自問自答する。果たしてどこまでやれば最善なのかと。心の丈と力の限りを尽くしても、心が晴れないのはなぜだろう。正解はわからないが、一つだけぼんやりとわかった気がする。私の最善と他の人の最善がぶつかり合った場所に、ときには花が咲き、ときには涙も溢れる、それが人生だということを。

本当に最善を尽くしても、思い通りにならない場合がある。作家チョン・ヒジェは、エッセイ『もしかしたら私が一番聞きたかった言葉』で、そんなとき、誰かに「もっと最善を尽くせ」と、むやみに言ってはいけないと語る。

一人で出せる勇気と力には限界がある。最善にも限界がある。誰かの最善の基準で、自分の最善を測ってはいけない。反対の場合もまた然り。誰かが放った、「なぜ最善を尽くさないの？　もっと頑張れないの？」とせきたてるような言葉に傷つかないでほしい。あなたはすでに十分、やれるだけのことをやったのだから。

そんなときに必要なのは、心からの共感、労り、そして共に尽くす最善である。それぞれが孤軍奮闘するのではなく、共に最善を尽くしてみようと手を取り合うこと。そうして私の最善と他の人の最善が重なれば、当然涙が流れる日もあるだろうが、最終的に華麗な花を咲かせる結果を生み出すこともできるのだ。

誰かを、「やるだけやってみろ」「頑張れ」と元気づける際は、手も一緒に差し伸べないといけない。倒れていたら起こしてあげ、疲れていたら負担を減らしてあげながら、一緒に頑張るのだ。「君がもう少し頑張って最善を尽くせるように、私も頑張って最善を尽くして力になるよ」と言うのだ。みんながそういう心持ちで力を出し、最善を尽くせば、もう少しいい世の中になるのではないだろうか。私たちがお互いの力になる存在になれるよう、静かに願っている。

日常を抜け出してこそ真の旅行

「天国の島」ハワイへの旅行は、どこまでも衝動的だった。雑誌を広げ、ふとハワイを一度も訪れたことがないと気づき、飛行機のチケットを予約したのだが、どうせ行くのならありふれた旅行ではなく、観光客があまり経験できないような、島の見知らぬ風景を感じたいと思った。だから、苦労して島の奥深い場所にある宿を探した。到着する直前まで、こんな場所に宿があるなんて信じられなかったが、私はこの場所で新たな世界を知ることができた。

鳥たちがさえずる声が爽やかに響き渡り、風に吹かれて揺れる草や木々の葉と流れる小川がハーモニーを奏でる。あなたは、こんな森の歌声に耳を澄ませながら、朝を迎えたことがあるだろうか？　もちろん不便な点もあったが、それを帳消しにするだけの価値があった。なぜ突然そんな場所に泊まる考えに至ったかというと、多分プルーストの次の文章に影響されたのだと思う。

真の発見の旅とは、新たな風景を探すことにあるのではなく、

新たな目を持つことなのだ。

ただ休暇を楽に過ごしたいと思うなら、ホテルやリゾートでくつろぎながら観光を楽しむ方がいいに決まっている。でも私はこの文章に接し、旅行に対する考え方がすっかり変わってしまった。旅行の新たな理由を探し始めたのだ。ただ観光地を巡り、異国の料理や文化に触れるにとどまらず、どう「新たな目」を持つことができるのか悩み始めた。だから、普段だったら決して宿泊先に選ばないような、鳥たちがどうさえずり、森がどう息づいているかを感じられる、島の奥深くにある神秘的な場所に泊まってみようと思い立ったのだ。

旅行は日常から脱し、異質な経験をさせてくれるが、結局私たちはいつしかまた日常に戻らざるをえない。もちろん、写真やビデオに思い出を残すことも悪くない。だがプルーストの言葉のように、新しい目まで養えるならどれほどいいだろうか。そんなことができるなら、旅行から戻っても日々をずっと豊かに過ごせるはずだから。

多くの人が、子どもの頃にアンデルセン童話を読んだだろう。『マッチ売りの少女』『人魚姫』『醜いアヒルの子』など数百篇の作品がある。童話作家と聞けば穏やかでロマンチックな感じがするが、アンデルセンは実のところ貧しい幼少期を過ごし、外見にコンプレックスもあったという。自伝的な作品がまさに『醜いアヒルの子』だ。外見が異なっているという理由でいじめられ、非難されながら育つアヒルが、実は白鳥であることに気づき、最後にはふわりふわりと空に羽ばたいていく童話だ。アンデルセンがどんな気持ちで書いたのか、察することができる。

アンデルセンの童話には、このように彼の人生や哲学が込められ、人間と世の中の様々な姿が反映されている。そんな彼が創作活動と同じくらい大切にしていたこと、それが旅だった。アンデルセンは「旅こそは我が人生」という言葉を残したほど、暇さえあれば荷造りして旅に出たという。作品中に旅の話が多く登場するのもうなずける。彼は二十代半ばの青年時代から、他界する数年前まで絶えず旅に出ていた。日常を脱する旅や世間の非難から身を守る旅、作品の取材旅行を始め、あてどもない旅まで、本当にあらゆる機会を見つけては出かけた。

その影響だろうか。彼の童話の世界は非常に多彩だ。アンデルセンは旅を通じ、広がりのある世界を描くことができたのだろう。このように、旅は日常ではできない経験によって、私たちの視野を広げてくれる。

「僕たち、明日には出ないと。一年後にまた戻ってこられるはず。だけど君だけここに一人残して行くわけにはいかないんだ。一緒に行けるかい？　僕は力があるから、君を抱えて森を抜けられるよ。翼も君を乗せて海を越えるほど丈夫だ」

「ええ、一緒に旅立ちましょう！」

彼の作品『野の白鳥』で、王妃の呪いで白鳥に変えられた王子たちが、妹のエリザ姫に一緒に旅立とうと話す部分だ。この物騒千万の旅で、エリザ姫は兄さんたちにかけられた呪いを解く方法を見つけ、ハッピーエンドとなる。アンデルセンはこの話を通して、目の前の困難を克服するためには、ときには遠く離れた場所から問題を見つめてみること、すなわち旅が必要だとのメッセージを投げかけているのだろう。

旅行のまた別の魅力は、心のふれあいだ。それこそ愛する家族、友人、恋人と一緒に旅行する理由だろう。見知らぬ土地へ赴けば、一緒にいる時間が増え、共感や共有できる思い出も積み重ねられる。特別な場所でいつもと違う経験が重ねられ、日常に戻ってからも、それはいい記憶として残る。別に遠出する必要はない。同じ空間で一緒の時間を過ごすことが重要なのだから。

私が長く記憶すべきことはその温もりだけではなく、青年の微笑みだけではなく、それ以上に心のふれあいだ。これから見知らぬ場所へ旅に出て、まともに言葉も通じないとき、そんなときは全く同じ何かを二つ買ってきて、そのうちの一つに心を込めて差し出せばいい。微笑みかけながら、そうするだけでいい。

私は、詩人イ・ビョンリュルのエッセイ『惹かれる』のこの一節がとりわけ好きだ。旅行に出かける際の気の持ちようも、うまく言い表している。この文章を読んで、旅先で出会った人には、観光客ではなく友人のように接するのがいいと学んだ。友人と付き合い始めるときのように、お互い慎重に、でも誠意を持って近づけば、言葉が通じなくてもいい関係を築くことができる。初めての旅先でいい友人と付き合えたなら、旅行後その場所は単なる観光地ではなく、私の友人が住む、心から懐かしめる場所になるだろう。

日々の幸せは、かけがえのないものだ。だからその幸せをより追求するためにも、時々日常から抜け出す必要がある。電車や飛行機に乗って遠くに行くのもいいが、あえて通ったことのない近所の路地を散歩したり、以前住んでいた町や通っていた学校にまた行ってみるのも楽しい旅になる。

毎朝目を開ける度に、私たちは新しい一日を迎える。そうやって新たな時間を生きるのだとすれば、日々の私たちの人生もまた旅だと言えるだろう。こう考えると、退屈な日々もまた特別で幸せなものになる。だから、私は人生という旅路を、より楽しみながら過ごそうと心に決めた。まだ旅に出るかためらっている人がいるなら、最後にアラン・ド・ボトンの『旅の技術』の中から、この文章を紹介しよう。

実のところ、行き先などどうでもよかった。切望していたのはここから立ち去ることだった。心の赴くまま「どこへでも！　どこへでも！　今いるこの世界の外であれば！」どこでもいいから旅立つことだった。

今すぐ夢に踏み出す勇気

自分のしたいことがわかったら、夢を見ることを恐れないで。あなたが本当に好きなことで成功したいなら、その意思を行動に移すなら、そして失敗を恐れないなら、その夢はきっと叶えられるはず。たとえ行く道が険しく、ときには倒れ、傷つくことがあっても、人生での成功は、夢見る者だけが味わえるもの。

就職活動をしていた頃、『三十歳、心理学に問う』という本に出会い、この引用箇所に違和感を覚えた。もちろんいい言葉ではあるが、何だかありふれた話ではないかという、ひねくれた考えが浮かんだのだ。しかし、この著者キム・ヘナムの人生を知り、その考えは完全に覆された。

彼女は将来を嘱望された精神科専門医だったが、四十過ぎという若さでパーキンソン病と診断された。青天の霹靂だっただろう。初めは悔しさから、世の中が恨めしく何も手につかず、一ヶ月間床に伏したという。だが、ふいにこんな気持ちになったらしい。「まだできることはありあまっているのに、なぜこんなことをしているのだろう?」と。

彼女は立ち上がり、今日まで二十年近く患者を診療し、子育て、本の執筆、講義をしながら暮らしてきた。誰もが絶望しておかしくない状況に置かれても、決して諦めたりせず、恐れず、夢を見るのだというメッセージを、身をもって教えてくれたのだ。「人生での成功は、夢見る者だけが味わえるもの」という文章も、私に大きな慰めと勇気をくれた。就職活動に行き詰まり、つらかった時期に、私は彼女の文章のおかげで、途方に暮れたり倒れ込むこともなく、また立ち上がることができたのだった。

夢とは、一体何だろう? 私たちはその言葉に、あらゆる意味を持たせながら生きている。夢の形は人によって様々だが、一つだけ共通点があるとすれば、小さい頃に描いた将来の夢のように、将来何になりたいか、何を手に入れたいかという点だろう。

誰もがそうあるように、私も夢多き子どもだった。その頃描いた夢は、当然ながらほとんど叶えられなかった。その代わり、小さい頃はまだ思いつきもしなかった新たな夢を叶えた。文字を書き、その文章を共有しながら生きるという人生だ。実は、昔描いていた将来の夢に、作家はなかった。大学生のときも、作家の道を真剣に考えてみたことなどなかった。人と変わらない月並みの学生時代を送り、成績相応の大学に進学し、兵役の義務を終え、卒業し、就職戦線で奔走し、入社後は休む間もなく忙しく、ただ平凡な毎日を過ごしていた。

それなのに今、私は好きな本と文章を人々と共有する〈The Book Man〉運営者として、何冊かの本を出版した作家として生きている。こんな夢が叶うなど、数年前まで想像すらできなかったことだ。

「スンファン、あなたは作家になるべきね」

二十歳の頃、私をかわいがってくれたある修道女の言葉が、今でも時々思い出される。様々な本から心に響く文章を集めて、それを人々と共有することが好きな私を見て、そんな言葉をかけてくれたのだろう。だが、当時はその言葉について深く考えはしなかった。作家になることなど考えてもみなかったし、自信がなかったから。しかしあるとき、私は心の奥底に、文章を綴って作家になりたいという夢が眠っていることに気づき、勇気を振り絞って書き始めたのだった。

もし私がいまだに勇気を出せていなかったら、どうなっていただろうか？　今の私はなかったはずだ。こんなふうに、私たちが夢を見るとき、忘れてはならないことが一つだけある。それは自分の夢に怖気づくことなく、果敢に挑戦しなければならないということだ。

あなたが成しえる最大の冒険は、あなたが夢見る人生を生きることだ。

米国ブロードキャスターのオプラ・ウィンフリーは、こう語ったことがある。貧しい環境で暴力を受けるというつらい幼少期を送った彼女は、トラウマを克服し挑戦し続けることで、とうとう自分の夢を叶えたのだ。今は、自分が経験したように不遇な境地に置かれている多くの人々へ希望と勇気を与え、広く影響を及ぼしている。

クリストファー・コロンブスは、歴史上最も勇敢だった冒険家だ。彼にまつわる一番有名なエピソードは、もちろん「コロンブスの卵」だろう。ある日、晩餐会に参加したコロンブスに対し、彼の偉業にケチをつけてきた人がいた。ただ運よく初めに新大陸を発見しただけで、自分だっていくらでも同じことを簡単に成し遂げられると言い放ったのだ。

するとコロンブスは、テーブルにあった卵を持ち上げてこう言った。「ここに卵が一つあります。どなたか食卓の上にこの卵を、何も使わずに立てることができる人はいらっしゃいますか?」と。

多くの者が挑戦したが、卵はテーブルの上をあちこち転がるばかりで、結局誰一人として立てることはできなかった。するとコロンブスはそっと卵を持ち上げ、下の部分をサッと割って平らにし、卵を立てたのだ。「さあ、これでみなさんも卵を立てることができるでしょう。いくら簡単に見えることでも、それを最初にやってのけることは、なかなか簡単ではないのです」。

これはコロンブスのエピソードではないという説もあるが、ともかく私たちはここでも重要な教訓を一つ得ることができる。夢は、単に頭の中だけで想像していても叶わず、直接行動に移さないといけないということだ。勇気を持って自ら冒険に挑む人、夢を叶えようと実践する人だけが、それを現実のものにすることができるのだから。


私たちはみんな、夢を描く。夢見る人生を歩みたいと思っている。だが、ただ考えるだけで終わってしまうのなら、夢はいつまでも夢のまま。大事なことは、実際に夢を叶えようとする意思なのだ。様々な苦難があろうと、自分の夢を叶えるために自ら冒険に挑んだコロンブスやオプラ・ウィンフリーのように。

夢をたった一度で叶える人は稀だ。一歩ずつ黙々と前進し、最終的に大きな実を結ぶのである。肝心なのは、疲れ切らない程度にひたすらゴールに向かって、一歩ずつ止まることなく足を前に運ぶマラソンランナーのように、夢を現実に移していくことだ。

しかし周りに目を向ければ、どんな夢を描けばいいのかさえよくわからないと訴えている人も見かける。私にもそういう時期があったから、その気持ちも十分理解できる。


本当は私たちも、痛いほどわかっている。最も立派な教えは、すでに私たちの心の中にあるのに、一歩踏み出す勇気がない、あるいはまだその機会が訪れないから実行に移せないだけだということを。アドバイザーや手本となる人が必要なときもある。もちろん彼らは私たちに正しい人生の方向を示し、ノウハウを教えてくれたりもする。だが私は、そういう存在がいなくても問題なく、もしいたとしても、彼らのアドバイスに必ずしも従う必要はないと思っている。

大切なのは、そのアドバイスを自分に合うように活かし、完全に「自分のもの」とすることだ。誰かが切り拓いた道がいくら素晴らしく羨ましくても、その道が誰にでも最適であるという保証はない。むしろ正反対の道が、自分には正解なのかもしれない。どんな立派なアドバイスを聞いたとしても、私たちは結局、自分で自分の道を切り拓くしかない。

いつも夢を見ながら生きるのだ。それも、自分だけの夢を見るのだ。人目を気にせず、

本当に自分の望む夢を。たとえ他人の行く道がずっと整っていて歩きやすく見え、自分の
行きたい道がいばらの道に見えても、ときには果敢に冒険するくらいでないといけない。
幸せは単に、人の真似をして得られるものではないのだから。

堂々と夢を描くのだ。
どんな夢でもいいから、心ゆくまで想像するのだ。

偉大な夢を抱けとは言わない。
愛する友人や恋人に会い
毎日一杯の茶を共にしながら笑うことも
充実した一日の終わりに
心穏やかに布団にもぐることも
十分夢にできる。

あなたがどんな夢を見ようと
日々その夢が叶えられていく幸せを満喫することを願う。

人生とは記憶である

「私のことを覚えていてほしいの。私が存在し、こうしてあなたのとなりにいたことをずっと覚えていてくれる？」

「もちろんずっと覚えているよ」と僕は答えた。

村上春樹の『ノルウェイの森』で、主人公ワタナベと直子はこんな会話をした。誰にでも、こんなふうにいつまでも記憶していたい瞬間があるはずだ。だが、私たちはなぜ過ぎ去った時間を記憶に留め、喜びや悲しみ、切なく恋しい感情を抱くのだろうか？　それはおそらく、私たちが簡単に時間を捕まえておくことができないからだろう。大切な時間を長いこと記憶していたいが、私の意思とは無関係に時間は流れ、記憶もだんだん歪曲され薄れていくから。次のワタナベの言葉のように。

（……）僕はあまりに多くのことを既に忘れてしまった。こうして記憶を辿りながら文章を書いていると、僕はときどきひどく不安な気持になってしまう。ひょっとして自分はいちばん肝心な部分の記憶を失ってしまっているんじゃないかとふと思うからだ。

誰にでも、一生忘れたくない記憶がある。私にもそんな記憶がある。それは幼い頃、鬱《ウル》陵《ルン》島に住んでいた祖母宅で過ごした思い出だ。

もう記憶のほとんどが薄れてしまったが、その頃のことはイメージとして残っている。朝になれば鳥がさえずり、草花や木々の香りに包まれ、自由に遊び回った記憶。そこでは、別にアラームも必要なかった。軽快な鳥のさえずりと、暖かな陽射しがゆっくりと私を目覚めさせてくれた。眠りから覚めると静かに縁側に座り、私に近づくものに意識を集中させた。庭のあちこちに少しずつ咲いた色とりどりのサツキと、名も知らぬ花や木の香りがほのかに感じられ、蝶や蜂や草虫の騒がしい動きも、ちらほら目に入ってきた。すると静かだった庭は、あらゆるものが躍動的に息づく場所に変わった。木も虫もみんな、私に嬉しそうに朝の挨拶をしてくれているかのようだった。

あそこで送った日々は、すべての瞬間が美しく平和だった。あたかも竜巻に巻き込まれ、魔法の国オズにたどり着いたドロシーになった気分だった。昼には、自分の体ほど大きいゴムたらいを抱えてスズメを追いかけたり、草虫を捕まえようと一日中草原でゴロゴロしたりもした。木や花や草も、子犬や子猫も、陽射しや風も、いい友達になってくれた。今は天国にいる祖母と一緒に過ごした時間だったから、余計に懐かしく燦爛《さんらん》と光る瞬間として残っているのだろう。

祖母が亡くなった後、しばらくそこを訪れることはなかったが、成人してから久々にまた鬱陵島に行ってみた。自分の記憶と随分違うのではないかと心配していたが、案の定その予感は的中した。記憶に所々穴が開けられたようだった。どう見ても、幼い頃に感じた、あの満ち溢れた活気とは程遠かった。見慣れぬ通りを行くと少しがっかりもしたが、それにもすぐに馴染めた。時間が流れ季節が変わり、変わってしまった鬱陵島の風景もまた、子どもの頃とは別の美しさで、新しい思い出として残るだろうと気づいたから。

小説家ガブリエル・ガルシア＝マルケスは、自伝『語るために生きる』で、次のように語っている。

人生は、ある人が生きたことそれ自体ではなく、現在その人が記憶していることであり、その人生を語るために、いかに記憶するかということだ。（……）人生は記憶だ。

自然と笑みがこぼれた幸せな日の思い出、胸がズキズキしたときのこと、旅先でのわくわく感。こんな数多の記憶が集まって作られるのが、私たちの人生そのものなのだろう。幸せな人生には、大切な思い出が多い。そして大切な思い出を多く残すためには、結局私たちの目の前に与えられた瞬間に、忠実に生きなければならない。愛する人と一緒にいながら一番楽しいことをし、その瞬間を一つ残らずすべて記憶に残したいと願う、そんな人生を生きないといけない。いつかの瞬間の話などではなく、まさに今この瞬間を。

人生は私の心とは違って
いい記憶だけを残してはくれません。
ときにはつらかった時間や
もどかしくて息が詰まった時間が浮かび
私たちを揺さぶり続けます。

幸せな記憶が私たちを包む暇もなく
目まぐるしい世の中で
押し流されることもあります。
いい思い出だけを思い浮かべようと
努力してみてもなかなか思い通りにはいきません。

そんなときは過ぎ去った時間に縛られず
まさに今、今日に忠実に生きてみるのはどうでしょうか？
日々繰り返される今日はまさに
時間が過ぎれば私たちのまた新しい記憶になるのですから。

あなたの人生がいつも美しく
燦爛たる瞬間で溢れますように。
そしてまたそれを
輝く思い出として大切にしながら
力いっぱい日々を生きることができますように。

生きている関係、
生きている思い出

人は思い出を胸に生きている、と耳にしたことがあるだろう。思い出には妙な魅力があり、それを他の人と分かち合えば、それだけ人生は豊かになる。何も、いいことばかりが思い出になるのではない。ときには苦しみや傷を残すつらい出来事も、時間が経てば思い出となるのだから。そうやって私たちは、日々多くの思い出を重ねて生きている。

思い出は、いわば宝箱だ。開けた瞬間何が飛び出てくるかわからないが、私たちを笑わせてくれる大切な何かが入っているのは確かだ。あなたは今、どんな宝箱、どんな秘密の引き出しを持っているだろうか？　私には、特に幼年期の思い出が多くあるが、そんな気持ちを代弁してくれた詩が一篇ある。修道女イ・ヘインの「思い出日記二」という詩だ。

一日に何回か

引き出しを開ける度
懐かしくなってしまう
幼い頃の秘密の引き出し

秘密の引き出しを作ったけど
誰かに見てもらいたいという
気持ちの裏返しだった？

人形の着せ替え用の
折り紙と布の端切れ
将来の夢と童謡が書かれた
ノートと短い鉛筆が
いっぱい詰まっていた

私の幼い頃の引き出しは
暗闇でさえときめきで輝いていた

宝箱だったのに
長い年月が流れた今
私の引き出しの中には
役に立たない落書きと埃
私が作った心配事だけが
うずたかく積まれている

気がかりや心配事のかけらもなく、明るく幸せだった頃。二度と戻れないが、時々懐かしく思い出される。身近にあるすべてが不思議に思え、どんな小さなことにも笑い転げ、「暗闇でさえときめきで輝いていた」日々だったのに、なぜ今、私の引き出しの中には心配なことばかり、うずたかく積まれているのだろうか？

そんな現実の疲れを癒やしてくれるのも、また思い出だ。過ぎ去ったことを美しい語り草にし、今の自分に新しい息吹をもたらし、未来へ歩き出せるように励ましてくれる。勇気さえ失わなければ、私を苦しめた思い出からも、新たな発見と力を得られる。では私たちは、そんな記憶とどう付き合うべきなのだろうか？　ある小説を読んでいたら、こんな文章に出会った。

（……）会わなくなった人は死んじゃうのとおんなじなのよ。たとえ思い出の中で生きていてもね、いつの間にか死んじゃってるのよ（……）この世界ではなんでも起こりうるじゃない。例えば、いまあなたとこうやって手を繋いでるけど、手を離して別れたら、もう二度とめぐり会えない可能性だってあるわけでしょ？（……）とにかく、わたしが言いたいのはね、好きな人とは会い続けなくちゃいけないってことなの。どんなことがあっても。

金城一紀の『恋愛小説』という作品にある一節だ。直木賞受賞作家で、私のお気に入りの小説家である。中でも私は先の一節が一番好きだ。

彼は、人生で必要なものは、過去の思い出だけではないとする。実際に思い出を作るということ、すなわち、一緒に思い出作りをしてくれる人に対して、誠意を尽くすことが大切なのだ。好きな人がいれば、その人と思い出を重ねながら、お互いに「生きている人」になるように全力を尽くさないといけない。

私たちが想像する思い出という言葉には、二種類ある。一つはもう会うこともない人との「死んだ思い出」、もう一つは会い続ける関係にある人との「生きている思い出」だ。二つのうち、私たちの人生をより生き生きと豊かにしてくれるのは、どちらだろうか？言うまでもなく後者だ。

好きな人とは、会い続けるべきだ。そうすれば、思い出を媒介として話ができ、また新しい思い出を重ねていけるのだから。私たちはこのように「生きている関係」を保つために、努力を惜しんではならない。お互いの努力なしでは、簡単に「死んだ関係」になってしまう。かつていくら親しく、愛し、大切にしていた関係でも同じだ。

最近、友人の母親の葬儀に参列した。長い間会えず、とても親しかったとは言えない間柄だったが、悲しみに暮れている友人を慰めるため、重い心を引きずりながら葬儀場へ赴いた。そこで久しぶりに会った友人の顔は、蒼白かったがどこか淡々としていた。弔意を述べ式場の片隅に座っていたところ、間もなく友人がやってきた。

「スンファン、ありがとう」

私を見てにっこり微笑んでくれた姿に様々な感情が湧いて、どう言葉をかけていいか悩んでいたところ、友人がまたこう言った。

「本当に久しぶりだな。こんな場とはいえ、とにかく生きているのがわかってよかった」

郵便はがき

お手数ですが
切手を
お貼りください

150-8482

東京都渋谷区恵比寿4-4-9
えびす大黒ビル
ワニブックス書籍編集部

お買い求めいただいた本のタイトル

本書をお買い上げいただきまして、誠にありがとうございます。
本アンケートにお答えいただけたら幸いです。
ご返信いただいた方の中から、
抽選で毎月5名様に図書カード(500円分)をプレゼントします。

ご住所 〒 TEL(　　-　　-　　)	
(ふりがな) お名前	年齢 歳
ご職業	性別 男・女・無回答
いただいたご感想を、新聞広告などに匿名で使用してもよろしいですか? (はい・いいえ)	

※ご記入いただいた「個人情報」は、許可なく他の目的で使用することはありません。
※いただいたご感想は、一部内容を改変させていただく可能性があります。

●この本をどこでお知りになりましたか?(複数回答可)

1.書店で実物を見て　2.知人にすすめられて
3.SNSで(Twitter：　Instagram：　その他　)
4.テレビで観た(番組名：　)
5.新聞広告(　新聞)　6.その他(　)

●購入された動機は何ですか?(複数回答可)

1.著者にひかれた　2.タイトルにひかれた
3.テーマに興味をもった　4.装丁・デザインにひかれた
5.その他(　)

●この本で特に良かったページはありますか?

[　]

●最近気になる人や話題はありますか?

[　]

●この本についてのご意見・ご感想をお書きください。

[　]

以上となります。ご協力ありがとうございました。

ひとときではあったが、お互い少なからず言葉を交わし別れた。その中でもひとときわ「生きているのがわかってよかった」という言葉が、今でも頭の中に残っている。

そう、お互い生きている姿を目で確認することが重要なのだ。私たちは当然のことのように、大切な人たちにいつでも会えると勘違いしているが、実際に会っていなければ、本当に「生きている関係」とは言えない。関係を築くとき、一番大事なのは会うことだと、私は金城一紀の文章と、先の友人との会話を通してはっきり悟ったのだ。

単に携帯に連絡先が登録されていたり、SNSの友人リストにあるだけの多くの名前。もしかしたら、今日の私たちの関係はこのようにお互い会うことのない、死んだ、あるいは死んだも同然のものばかりなのではないかと思うと憂鬱になる。いつでもどこでも簡単にメッセージをやり取りし、「いいね」を押すが、それよりも直接会って顔を見ながら話をし、人の温かさに触れることが大事なのではないだろうか。その方が私たちの人生を、もう少し「生きている」ものにしてくれるのではないだろうか。

あなたは最近、どのような一日を送っているだろうか？　「いつ会おうか」「いつか食事でもしよう」と言いながら、そのままになってはいないだろうか。

私もそんな社交辞令が、口癖のように出ていたことがあるが、これからは本当に大切な人がいるなら、お互い「生きている人」として接する努力をしようと思うようになった。連絡するだけではなく、実際に会うということを。

会うには、確固たる気持ちが必要だ。メール一通、電話一本の手軽さとは比べ物にならない。会うための準備時間、会いに行く時間、会って一緒に過ごす時間など、多くの時間をその人に使うわけだから、会うという行為は、思っているよりも大きなことなのだ。

誰かに会おうと言われたら、そんな苦労をありがたく受けるという意味だ。本当に会いたい人とは、何があっても会うのだという意志が、私たちには欠かせない。もちろん苦労は多いが、会えばそれよりずっと多くのことを得られる。大切な人と言葉を交わし、温かい気持ちで一つ一つきちんと思い出を重ねるのだ。楽しく素敵なことだけでなく、つらく忘れたいことも、こうして一緒に分かち合えばいい思い出に変わる。

ホメロスの大叙事詩『オデュッセイア』には、こんな文章が見られる。

おい、我々は決して災難に関して無知な方ではない。（……）

考えてみれば、今度だっていつかは思い出となるだろう。

『オデュッセイア』はトロイア戦争の英雄オデュッセウスが帰郷の際、実に十年も漂流しながら繰り広げた冒険談を描いた大叙事詩である。彼はその長旅であらゆる紆余曲折を経験した。すべてを破壊する渦に見舞われ、怪物カリュブディスと頭が六個付いた怪物スキュラの間に挟まれ進退両難、四面楚歌のような状態からかろうじて脱出したのだ。先の文章は、この脱出後に同僚たちを労うため持ち出した話だった。今も西洋では進退両難、すなわち四面楚歌と同じ意味で「スキュラとカリュブディスに挟まれた」という表現を用いるという。

このように、命の危険に晒されるほど苦境に立たされた人にも慰めとなる言葉は、まさしく思い出だ。困難を克服しながら、そのすべてが思い出になるからと勇気を奮い立たせるオデュッセウスの言葉には、人生をより肯定的に見せる力を見出せる。

思い出は空間化されれば、ますます定着し不動のものとなる。

哲学者ガストン・バシュラールは『空間の詩学』という本で、思い出についてこう語っている。彼が言うように、定着し不動のものとなる関係は結局、お互い同じ空間でどれだけ多くの時間を過ごしたかということに左右されるのだ。

このような意味合いから、私たちの関係はいつも動詞にするべきだ。「家族」「友人」「恋人」と、こんな名詞で終わるのではなく、共にできる様々な空間を作り続け共有するとき、ようやく「生きている」関係になる。そうでないなら、どんな大切な関係も、最終的には意味を失うはずだ。顔を見ながらの一回の食事も難しい家族、お互い心の奥まで見せ合わない友人や恋人との関係に、何の意味があるだろうか？

中高生の頃、私は父との関係がぎこちないときがあった。父は仕事で地方勤務となり、家族と顔を合わせることは一ヶ月に一度あるかどうかだった。だからだろうか。いつも慈愛に満ちて、微笑みながら優しい言葉をかけてくれる父だったが、あの頃の私はなぜか距離を感じていた。時々父が「スンファン、ちょっと話そうか」と声をかけてくれても、「特に話すことなんかないけど……」と無愛想に答えるだけだった。

父との関係が好転したのは、少しずつ努力して一緒に過ごす時間を持つようになり、お互いに興味のある話をするようになってからだ。わざわざ時間を作って一緒に食事をし、キャンプにも出かけて新たな思い出を作っていったのだ。そこまでして、やっと私は父の心の底に眠っていた話に耳を傾け、父の心情を酌み、私が感じていた気持ちも正直に話すことができた。そうやって思い出を重ねたおかげで、今では楽しく話ができるエピソードも多く、二人での会話も弾むようになった。

このように、大切な人との思い出は、何も過去のことばかりではない。今も、そしてこれからも、いくらでも作っていける。親しいと思える関係であるほど、思い出は作り続けるべきなのだ。そしてそのためには何よりも、会って話をしながら、その関係を「生きている」ものにする努力が必要なのだ。

私たちが生きている今日も、後日いい思い出となるように、今愛する人たちとできるだけ楽しく、幸せな思い出を織りなしていけるように。思い出は、生きている人たちの特権であり、私たちに授けられた祝福に他ならないから。

ふと思い浮かぶ顔

ふと思い浮かぶものがある。懐かしさや寂しさ、喜びや悲しみのような感情もあれば、人や思い出、欲望のようなものもある。もしかしたらそんなふうに、ふと頭に浮かぶものがあるから、私たちは生きていけるのかもしれない。まるで、うっかり忘れていた予定を教えてくれる携帯のアラームのように、私たちが内心どんな気持ちだったのか、あるいは強く願うものが何なのかを、思い起こさせてくれるから。

私の頭にふと思い浮かぶのは、主に人々の顔である。大切にしている人たちの顔。だが、それはどうも私だけではないらしい。特に愛をテーマにする詩に、「ふと」という単語が多く使われているのも、この単語にそんな特別な意味が秘められているからかもしれない。ふと思い浮かべただけで何だか胸がいっぱいになり、頭の中には昔の記憶がもくもくと湧き上がってくる。本を読んでいて、この「ふと」という単語に出会うと、私はすぐさま会いたい人たちとの思い出に浸ってしまう。
かわいいものが目についたり、美味しい料理を食べたりするとき、誰かを思い出すことはないだろうか？　思い出すことがあるという人には、この詩が心に響くに違いない。

ふと美しいものを目にしたとき
今そばにいたならどれほどいいかと
思い浮かぶ顔があるなら
君は誰かを愛している

奥深く静かな風景や
舌鼓を打つ料理を前に
誰も思い浮かばないなら
その人は本当に強いか
でなければ本当に孤独な人
鐘の音をより遠くに響かせるために

鐘はもっと痛まなければならない

詩人イ・ムンジェの「冗談」という詩だ。人間関係をテーマに、美しい言葉で表現されている。この詩が語るように、美味しい料理を一緒に味わいたくてもそれができず、写真に収めてでも共有したい誰かがいるというのは、本当に幸せなことだ。恋人や家族、友人など、ふと思い浮かぶ顔が多いということは、その人々を大切に思っていて、今素敵な人生を送っているという証拠だから。

私は特に、美しいもの、美味しい料理を目にして思い浮かぶ顔がないなら、本当に強いか、本当に孤独な人だという表現が、無性に心に刺さった。無味乾燥な日々のせいで、美しいものを目にしても誰も思い浮かばない自分に気づき、やるせなくなったことがあるからだ。また、「鐘の音をより遠くに響かせるために/鐘はもっと痛まなければならない」という文は、いくら人生にひどく疲れていても、「ふと」頭に浮かび、心を響かせるものは必要だという事実に気づかせてくれた。たとえそれが孤独や痛みを伴ったとしても、それ自体に意味や価値があるということも。

私は、詩を読むのが非常に好きである。まるで鳥のさえずりや草虫の声だけが聞こえてくる静かな森の中にいるかのように心和み、一人吟味していると、ふとインスピレーションが湧いてくることも少なくない。小説でも映画でもなく、詩を読むとどうしてこんな気分になるのか不思議だったが、いつだったか詩人ホ・スギョンのエッセイ『君なしで歩いた』を読んでこんな文章に出会い、「あ、だからか」と合点がいった。

詩を読む時間はこんな時間。失ったと思っていたものが戻ってくる時間。その時間を新たに発見し、その時間に戻ってみるもの。

私は二〇一二年から今まで、〈The Book Man〉を運営しながらSNSで人々と文章を共有し、本の紹介をしてきた。私を慰めてくれる良文を、他の人と一緒に共有したいという一心から始めたことだった。

最初は短めの文章のみをアップし続けていたが、いかにも物足りなく感じていた。より文章に集中し、共感できるようにするにはどうするべきかと悩んでいたところ、写真を思いついた。文章にふさわしい写真と一緒にアップすれば、文字に込められたメッセージも伝わりやすいのではないかと考えたのだ。そして、生まれて初めて写真と一緒に紹介した文章が、詩人チョン・ヨンチョルの「ある日ふと」という詩であった。

ある日ふと
こんな考えが浮かんだ

私がうまくいっていると言うのに
あの人は私がうまくいっていないと
思うかもしれないな

私は謙遜しているつもりなのに
あの人は私が傲慢だと
思うかもしれないな

私はあの人を信じているのに
あの人は自分が疑われていると
思うかもしれないな

私は愛しているのに

あの人は私の愛がおぼろげに見えて
気づかないかもしれないな

私はここを離れるために
仕事を終えようとしているのに
あの人はもっと留まるために
頑張っていると思うかもしれないな

私はまだ待っているのに
あの人は私がもう忘れたと
思っているかもしれないな

私はこれが正解と思っているのに
あの人はあれが正解だと
思っているかもしれないな

私とあの人の名前が違うように
私とあの人の一日が違うように
お互いの考えは
違うかもしれないな

人によって考えが異なるとわかれば、私たちはもう少し良好な関係を築けるだろう。実際のところ、感情や利害関係が絡んでいなければ、ほとんどの関係はうまく保てる。だが不思議なことに、感情や利害関係が絡むと問題が発生しがちだ。お互いにきつく当たり、傷つき、関係がこじれるケースもある。

私もまた、幾度か人間関係で傷つけ合った経験があるが、その度にこの詩を読みながら慰められた。自ら振り返りつつ、「自分の考えが、人と全く同じになるわけがない」「少し度量を広げてみよう」と、心の中で私なりの基準も立ててみた。

私たちは日々、実に懸命に生きている。もちろん繰り返される日常に疲れ、落胆することも多いだろう。だが、僅かな輝きだとしても、大切な瞬間に出会いながら生きているに違いない。いつもいいことばかり起こりはしないが、ふと「あ、私はこんなに頑張ってきたんだな」と思えるなら、ふと周りにきらめく何かを発見したなら、本当に素敵な人生を生きているといえるはず。

ある日、会社の帰り道に街路樹を眺めながら、似た姿でずっと連なるこの街路樹は、人生さながらだと思えた。みんな千篇一律のごとく学校に通い、社会生活を送り、家庭を築きながら生きている。それが果たして本当にいい人生と言えるかと考えたら、なぜか心の置き場がなくなった。重い気持ちを引きずるように道を歩いていたのだが、通りにグサッと突き出た街路樹の根が目に飛び込んできた。そして、普段は目にも留めていなかった街路樹の根の部分について思いを馳せた。そう、私たちの目に見える街路樹は、チェーンソーとハサミで刈られ、似たような姿をしているが、土中ではどの木も異なる姿でしっかり根を張っていたのだ。

私たちの姿も同様ではないだろうか？　見た目では社会の基準に合わせ、似たり寄ったりの姿をしているが、内面はそれぞれ異なる可能性を秘めているのだから。根さえしっかりしていれば、やせ細って寂しげな枝や葉もまた元気を取り戻し、育っていくことができる。私たちもまた、心のうちに抱える無限の可能性をしっかり見つけ育てられるなら、それぞれの個性と魅力をいくらでも美しく花開かせることができるだろう。

あなたに
微笑みと一緒に
ふと浮かぶ人がいれば嬉しい。

そしてあなたもまた
他の人にとってそんな存在でありますように。

そんなふうに、ふと思い浮かぶ人がいて、
また思い出される人としても生きられたら、
それだけで十分に
いい人生だから。

深まった夜、私たちを訪ねる者たち

深い暗闇に埋もれていた。簡単には抜け出せないような寂寞《せきばく》の中で、膝を抱えじっと床を見つめている。こんな暗く漆黒のような場所でも、見える所があったなんて。床は黒く、透明な水中のように塵《ちり》一つなく綺麗だが、その深さは底知れない。むやみに足を踏み出したら、その深い所に底なし沼のように足をとられるかもしれない。

静かに暗闇に言葉をかける。いつになったら今宵は終わりを告げるのかと、いつになったらこの侘しく凍てつく心から抜け出せるのかと。それでも夜は相変わらず無言のままだ。

毎日、異なる姿で私たちに近づく夜。あるときは厳しい冷たさで、またあるときは温かく。夜になると、私の頭はいろいろな考えで溢れる。いいことであれ、悪いことであれ、頭の中を勝手に慌ただしく出入りする。そんな考えを一つ一つ捕まえようとすれば、いつの間にか眠りに逃げられ、目だけが冴えていく。

人の瞳ほど奥深い暗さはない。その深い暗さがあるから目は輝いて見える。「その目を見てさえいれば生きていける」、そう自分に繰り返し言い聞かせれば、生きていける。何かに生かされる人生は、自ら生きる人生よりもっと難しい。生かされるためには、輝きを放つ目と熱い心、そして自分が誰かの手を取って夜を歩ける勇気が必要である。

作家ハン・グィウンの『夜を歩く文章』には、このように、夜に関する様々な文章が収められているが、私は特にこの文章が気に入っている。「人の瞳ほど奥深い暗さはない」としながら、その深い暗さのおかげで目が輝き、生かされるのだという言葉に癒やされたからだ。夜が深まるほど、月や星はより輝く。だとしたら、私たちの人生にも、闇が深まるほど明るく輝き、価値あるものがあるだろう。

そのうちの一つが感受性だ。不思議と夜には感受性が高まる。静かな空間でじっと物思いに耽っていると、誰かの顔が浮かんだりもする。その顔を思い浮かべるとき、自らの表情に表れるのは、ときには寂しさや懐かしさであり、ときには喜びでもある。ひときわ夜空に明るい月が出た日に、思い出す詩が一篇ある。詩人キム・ヨンテクの「月が出たと電話をくださるなんて」だ。

月が出たと電話をくださるなんて
今宵はとても嬉しく素敵です
私の心にも生まれて初めて目にする
明るく輝く月が昇り
山のふもとの小さな村が描かれます
強く切ないこの想いを、
胸に沁み入ってくるこの恋心を
月明かりに乗せて
あなたに届けます

なんと、
川辺に月明かりが美しいと
電話をしてくださるなんて
流れる水　どこかで眩《まばゆ》く砕ける音
ふいに聞こえてきます

「月が出たと電話をくださるなんて」、この一文だけをじっと繰り返し読むだけでも、なぜか心がほのかに温まる。ともすると寒くも感じられる夜でも、こんな詩が一篇あれば、あるいは月が出たからと電話をかけてくれる人と一緒にいることができるなら、心温まる時間を過ごせそうだ。

このように、夜は恋愛感情を募らせる。愛を告白する手紙も、多くの場合、昼ではなく夜に書かれるだろう。私もそうだった。心に留める人を想いながら日記帳の片隅にあれこれ書き留めたり、心を込めた手紙を書いたりもした。そのほとんどは、夜が明ければ読むに堪えないほど恥ずかしく、送ることなどもってのほかだったが。今はもうあんな感性はないだろうが、あの頃の眠れぬ夜が思い浮かぶといたずらに口元がほころぶ。

今も私は多くの場合、夜に執筆する。長い習慣でもあるが、夜だけが持つ独特な魅力に惹かれているとでも言おうか。本を読んだり物を書いたりすることも、昼夜で感覚が異なる。ある本は明け方まで読み耽ってしまうし、またある本は、何ページかめくるのも大変で、すぐに閉じてしまったりする。どちらにしても、ただ心が向かうままにすればいい私だけの時間だから、私は夜を好む。

いつの日か、友人とこんな話をしたことがある。一冊の本を読むということは、実際ものすごい努力が必要だと。じっと見ていればいいだけの映像とは異なり、一ページ一ページめくる作業は、完全に私たちに委ねられているから。だから私は本を勧めるとき、あえて一気に読み終えるプレッシャーは感じなくていいと付け加える。

一日に数ページ、数行だけでもいい。たかが一文であっても、心が大きく動かされるなら、感動のない分厚い本を何巻か読破するよりずっと価値があるから。眠りに就く前に本を広げ、心に響く一文に出会えるのもいい。深まる夜、なかなか眠れない人たちのために詩を一篇勧めよう。

時々、君を探しに地中に潜ってみたんだ
あの薄暗くもじめじめした地中で時間の端にとどまっていた

君を探そうとしたんだ

地中に潜るにつれ
あの根が見えてくるよね、地中にはもしかしたらあんなふうに植物の母たちが
細い神経のように絡み合う麗しい宝石を洗濯ひもに掛けておくんだ
あの薄い、時間の膜を通ったルビーやサファイアのようなものが
大地が流した涙を受けたようにあんなに輝いているじゃない

時々、君を探して地中に潜ってみたんだ
愛がすべてだったあの頃に戻りたくて
頭を地下水にうずめて
ガラスのように突き刺さる頭痛を治したかったんだ

君の目に涙が溢れるとき
どれほど泣きたくて、地中はあれほどたくさんの地下水を含み
大海原にはあれほどたくさんの水が地球を包むのか

君が夜、横になって闇に溶けていくとき
もしかしたら、干上がった砂漠は君の方へそっと歩み寄るかもしれない
砂漠はもしかしたら、君に語りかけるかもしれない
愛してる、君の涙が地下水になってやってくるくらい私を愛しておくれ

詩人ホ・スギョンの「夜に横になった君へ」である。彼女は一九九二年ドイツへ移住後、二〇一八年に他界するまでひたすら執筆活動を行った。外国人として生活する孤独と、何かを懐かしむ想い、そして人や故郷に関する温かな愛情を感じとることのできる詩とエッセイを多く綴った、私が本当に好きな作家である。彼女は珍しいことに、ドイツで考古学を研究していた。そのため、この詩に一層愛着が湧いてしまう。

地中もやはり、夜と同じく暗い場所だ。だが、涙を麗しい宝石のように胸に抱き、薄暗くじめじめした地中の根から希望を見る詩人の心が、あまりにも温かく感じられるのだ。

夜になるとよく、孤独感が切々と迫りくる。真昼は世間の喧騒に身を置き、そんな余裕もないが、夜になれば大抵孤独になるから。誰かと一緒にいたとしても、最終的に眠りについたら、完全に一人だ。そんな夜に横になれば、私たちは薄暗くじめじめした地中に入

っていくような気分になる。今日一日の後悔や、明日への怖れのような感情と共に。
でも、そんな深い夜にも私たちが愛するもの、その暗闇を明るく照らすものがあるという事実を、どうか忘れないでほしい。

今夜、孤独に襲われても
あなたはそれを乗り越え、月と星のように美しく輝くことができます。
そんな夜空を照らす月と数多の星を、
私たちは喜んで友人に迎えることができるでしょう。
だからあまり寂しがらず、むしろ喜べますように。
あなたが生まれ、生きているということ一つをとっても、
十分に価値があり大切な存在だということを、
この夜だけは間違いなく、よくわかっていますから。

今、ここにある時間

「死を忘るなかれ！」

私たちがよく知る「メメント・モリ」というラテン語の格言だ。人間、誰にも避けて通れないのが、死だ。中国の秦の始皇帝やエジプトのファラオなど、絶対的な権力を誇示した彼らも不老長寿を夢見たが、結局願いは叶わず、死の前に無力にひれ伏したのだから。

しかし私たちは、こんな事実を頭ではよく理解しているつもりでも、普段はほとんど意識せずに生きている。しかも、死の瀬戸際を何度も彷徨った人たちでさえそうだ。みんなぼんやりと先のことだと思うばかりで、現実視しない。毎日生きているだけでも精一杯で、あえて直面したくもないから、わざと避けて通りがちなのだ。ただ私と、私に近い人たちだけ無事でいてくれることを願って。

先に言及したラテン語の格言は、かつて古代ローマ時代に帰還する将軍を出迎えたときに放たれたものだという。白馬が率いる戦車に乗り、市民の歓呼を浴びながら凱旋パレードをした際、後ろに立たせた使用人にあの格言を叫ばせたのだ。いくら大きな成功を収めた人でもおごらず、いつでも謙遜を忘れてはならないという知恵が込められたエピソードである。


しかし、死といつも隣り合わせというのは否定的な側面ばかりではない。私たちに与えられた今この時間の大切さを、思い起こさせてくれるから。

誰も死ぬことなく、永遠の命を得たらどうなるだろうか？　おそらく、人生の価値はひどく色あせてしまうだろう。何かをしようと頑張って決心したところで、あえて今でなくても、後からいくらでもできると先延ばしにするだろう。結局人々は、日々を無意味に送りながら生きていくに違いない。

人生には果てがあるから、私たちは現在を大切に思い、生きていくことができるのだ。

このように「今、ここ」の重要性を話す度に、紹介している詩がある。

何事も二度はない。今も
これからも。だから私たちは
何の練習もなく生まれ
何の訓練もなくこの世を去る。

私たちが、世界という名の学校で
一番出来の悪い学生かもしれないが
夏であれ冬であれ
落第などない。
繰り返される日は一日たりともない。
同じ夜は二度と来ない。
同じ熱い口づけも二度とない。
同じ眼差しも二度とない。
昨日、誰かが私のそばで
君の名を大声で呼んだとき、
私にはあたかも開かれた窓に

一輪のバラが落ちてくるように感じられた。
今日、私たちがこうして一緒にいるとき、
私は壁に顔を背《そむ》けてしまった。
バラ？　バラはどんな形状だった？
花だったか、石だったか？
自分ではどうにもできない日々、何ゆえ君は
無駄な不安に怯えるのか。
君は存在する——だから消える
君は消える——だから美しい
微笑んで、肩を組み
私たちの共通点を探してみよう。
たとえ私たちが二粒の透明な雫のように
互いに異なろうとも……

ヴィスワヴァ・シンボルスカの「何事も二度は」という詩だ。一九九六年にノーベル文学賞を受賞したポーランドの詩人で、この詩はいつでも私にずっしりと響く感動を与えて

くれる。大事なことを先延ばしにしたくなると、私はこの詩を思い浮かべる。

繰り返される日が一度もないなら、または全く同じ夜、全く同じ口づけ、全く同じ眼差しがないなら、私たちはいつでも初めてのように誠実に向き合うべきだ。例えば愛する人に接するとき、気心知れた仲だからと疎かな態度をとるのではなく、初めて恋に落ちたときのように、思いやりを持ち、相手を大切に思いながら、自分の飾らない気持ちを伝えないといけないのだ。


こんな話をしていたら、恥ずかしい記憶が一つ蘇ってきた。大学生の頃のうすら寒くなって来たある秋の日だった。久しぶりに友人たちと時間や場所を合わせて集まる予定を組んだが、私は締め切りの迫る課題が残っていたため、先に近くのカフェで課題をこなしていた。

すると突然誰かが私の肩を叩いた。集まる友人の一人が、カフェにいた私を見つけたのだ。そこで、彼と共に約束の場所へ行って友人たちと合流し、みんなで食事に向かおうとした矢先だった。先にカフェで会った友人が、私に話しかけた。

「スンファン、前にお前の家に遊びに行ったときのこと覚えてるか?」

「ああ、何で？」
「お父さんが僕たち一人ひとりに握手してくれたんだけど、その手が本当にあったかくて」
「そうだったかもね。でも、それがどうしたの？」

唐突に父の話を持ち出した友人に、不意打ちをくらった。でも、私はすぐにその友人の話を理解し、恥ずかしさに顔を真っ赤にしたのだった。

「いや、お前がカフェで会ったときも今も、ずっとズボンのポケットに手を突っ込んだまま一度も出さないから。挨拶するつもりがあるんだか、ないんだか。おい、俺たちいくら仲がいいからって、会ったときくらいは嬉しそうに握手でもしろよ」

恥ずかしくなった。気心知れた相手という理由で、大切な彼らをなおざりにしていたのだから。一瞬会っただけの息子の友人にも握手をする、温かい手を持つ父のように、いつも誠意を持って人に接しなければと心に誓った。

先のシンボルスカの詩は私たちに二度はないと言ったが、逆に永遠に繰り返される人生を語った人がいる。哲学者ニーチェだ。「愉しい学問」で、彼は永劫回帰《えいごうかいき》という概念を通し、私たちに重要な問いを投げかけている。

君が現に生き、また生きてきたこの人生を、今一度、無数に生きねばならないだろう。そこに新たなものはなく、あらゆる苦痛と快楽、思想と嘆息、君の人生で言いつくせない大小のこと一切が、君の身に回帰しなければならない。しかも何から何までことごとく同じ順序と脈絡にしたがって。(……)君はこの生を、今一度、無数に繰り返し生きることを欲するか?

ニーチェが立てたこの問いは、時間の無数な反復を指す点で、時間は繰り返されないとするシンボルスカの言葉とは対極に置かれているように見える。だが、実際は同じメッセージなのだ。ニーチェの語る永劫回帰が絶えず過去に戻り別の選択ができるという意味ではないように、シンボルスカの言葉も今の選択が変わることのないまま、ずっと永遠に繰り返されてもいいように最善の選択をしないといけないと意味しているから。すなわち、「今、ここ」の時間が、私たちにとって唯一かつ最重要だということだろう。「アモール・ファティ」、つまり「自分の運命を愛せ」というニーチェの教えはまた、このような文脈で解釈することができるのだ。

私たちはみんな、今を生きている。例外はない。未来に向け準備することももちろん大事だが、人生が置かれている今ここで、あまりにも多くのことを見逃し犠牲を払っているなら、それは本当に幸せな人生と言えるだろうか？　私たちに残された時間がどれほどあるのか、誰にもわからないのに。

現実に則しながら最も楽しいと思えることをし、そばにいる人々に温かい心で接するなら、その人生は十分に麗しく価値があると言えるだろう。二度はない、一度きりのこの人生、もしくは永遠に繰り返されてもいい、まさに今の人生を、後悔なく生きるべきではないだろうか？

これからは私たち
明日のことは明日に任せて
今日の人生を生きよう。

明日の心配は明日に任せて
今日の幸せをつかもう。

3章

自分のそばに置く人
距離をとる人

他者と向き合う

振り返れば
いつも一人だったけど

世界に一人取り残された気分など、誰も味わいたくないだろう。私たちは、誰もが人と関わりながら生きている。だから愛情をやりとりできない場合や、他人の配慮が欠ける場合、大きな傷を負い孤独感に苛まれる。本当の自分を理解してくれる人がいないと感じるときも同様だ。家族や友人がそばにいても、そういう人がいなければ、心は常にどこか虚しく孤独になる。

このように空虚感と孤独感に押しつぶされそうなとき、すべてが水泡に帰すように無意味に感じられ、自分の人生もあたかも川に流されてしまうような気分になる。何をしても振り返れば一人ぼっちで、どんな慰めも心に届かず、気持ちを弄ぶだけだ。

私も、そんな空虚感を幾度となく味わった。いつも多くの人に囲まれているから、寂しくなんかないだろうと言われるが、誰かと楽しく過ごしても、一人帰路をたどるときはいつも寂しさを感じていた。愛が傷つけられ、二度と誰かに心を許すまいと誓ったこともあった。大学時代にレクリエーション担当として活動したときもそうだった。壇上では拍手を浴びても、舞台から降りれば、すぐにまた虚しさを感じた。就職難に苦しめられた時期には、私自身が世の中で一番役立たずの存在のように思えた。

私の心を誰もわかってくれないと思った日々。いや、自分でも本心がわからず、何にも慰められず、無意味に感じられた日々。私が愛する人も、私を愛してくれる人もいないと感じた時間。私たちは時折、このようにすべてが虚しく、何をしても孤独な気分を味わう。そんな寂しく苦しいとき、私の心を察してくれた文章がある。もし今、あなたもこんなふうに無性に孤独を感じるなら、次の詩がせめてもの慰めになれば嬉しい。

振り返ればいつだって一人だった。
私を愛していると近づいてくる人には、私が後ずさりし、
私が愛する人に近づけば、その人はいつも遠ざかってしまった。
私を遠ざけたその人にまた近づけば、その人は私を負担に感じて避け、
私が遠ざけても近づいてくる人には、私が避けたくて、耐えられないと思った。

私をいつも愛してくれる人より、私が愛する人がもっと美しかったことを。

私にはいつもそばにいてくれる人より、私がそばにいたい人が必要だったことを。

会いたい人には会えず、私に会いたいという人だけにいつも会ってしまうという人生のいたずら！

そのせいで、私はいつでも島でいるしかなかった。

振り返ればいつも島は酒を飲んでいた。

島はなぜ泣くのか誰も知らず、島はなぜ杯を手にしているのか
誰もわかってくれなかった。

波は今日も断崖の胸に打ち寄せてくる。

断崖に咲く花に届くこともできず。


作家イ・ヨンチェの「一人でいるしかなかった理由」である。「私はいつでも島でいるしかなかった。／振り返ればいつも島は酒を飲んでいた」という文章を一人繰り返せば、あたかも作家が隣で杯を傾けてくれている気持ちになる。それほど癒やされたのだ。私自身が孤立した島のように感じられたとき、他のどんな言葉より、この詩が私の心を理解し慰めてくれた。まるで応援してくれているように響いた。私も似たような気分だったこと

があるよと。生きていれば誰にだってそんなこともあるけど、こうやって杯を傾けた後、また元気よく立ち上がればいいよと。たとえ私たちがみんな孤島でも、私たちには他の島へ行ける船があり、橋があると。決して希望は捨てないようにと。

誰にも会う気になれないほど疲れているとき、自分の心を代弁してくれる話や文章に出会えれば、僅かながら力が湧いてくる。私たちは、他の時代や他人の人生を生きることは決してできないが、本を通して間接的に経験することはできる。おそらくこれが、読書の醍醐味だろう。

困難に直面し、希望や勇気を必要とするとき、呪文さながら繰り返し頭に浮かぶ人物がいる。フィッツジェラルドの小説『グレート・ギャッツビー』の主人公ギャッツビーだ。

彼は人生に希望を見出す非凡な才能を持っていた。希望、そのロマンチックな人生観こそが、彼の持つ卓越した天賦の才だ。

「失われた世代（Lost Generation）」という言葉がある。無数の命を奪った第一次世界大戦終戦後、米国に吹き荒れた虚無的かつ快楽的な社会の雰囲気を主導した青年世代を指す。アメリカの小説家ガートルード・スタインがこの言葉を初めて用い、ヘミングウェイが『陽はまた昇る』で「あなたたちはみな、失われた世代だ」という文章を書き、広く転用されるようになった。終戦後、絶望と虚無感が蔓延し始め、フィッツジェラルド、ヘミングウェイ、ガートルード・スタイン、フォークナー、エズラ・パウンドのような著名な芸術家があの時代を生きていたのだ。

中でもフィッツジェラルドと、彼が創造した人物ギャッツビーは、言わずもがなあの時代を代表する人物だ。人々が虚無な快楽に溺れている世の中で、たとえ幻想や執着に過ぎなくても、希望や愛の可能性を死ぬまで諦めずにいた人物。限りなく孤独で虚無感に襲われるとき、どんな現実からでも希望を見つけ出すギャッツビーを思い起こせば、元気をもらえる。もし彼が目の前にいたら、酒の一杯でも一緒に飲みたいくらいのファンだ。

本ではないが、こんな想像を間接的に経験させてくれる映画が一本ある。それはウディ・アレンの『ミッドナイト・イン・パリ』だ。映画は、パリに来た主人公ギルが夜中の十二時に散歩をしていたら、突然一九二〇年代にタイプスリップし、そこでの体験談を描いている。先のヘミングウェイとフィッツジェラルド以外にも、ピカソ、モネ、ドガ、ゴーギャン、ダリなど偉大な芸術家たちが活動していたその時代だ。映画を見ている間じゅう、一九二〇年代のパリの美しい通りを散歩し、失われた世代を代表する芸術家たちと自由に会話する主人公が、どれほど羨ましかったか。

映画に登場する数多くの芸術家のうち、フィッツジェラルドの友人で後日仲違いしたヘミングウェイが、私には一番魅力的に感じられた。激しいとも取れる言葉遣いや行動にも、どこか開かれた心が感じられたとでも言おうか。特に「真実を語っているなら、だめな素材はない。その文章が高潔で正直で、窮地における勇気と品位を失わなければ」という台詞が好きだった。スマートに本心を伝える文を届けたい私に、多くのインスピレーションを与えてくれた。映画を見た後、彼の小説やエッセイを探し始めたのだが、その中で印象深かったものが、一九二〇年代のパリでの生活を描いたエッセイ『移動祝祭日』だ。

河岸を散歩していれば少しも寂しくなんかなかった。木々が溢れる街中で、近づいてくる春を日々感じられるようだった。ある晩、暖かな風が吹けば、翌朝には紛れもない春を迎えられるのだ。ときには冷たい雨が激しく降り、春を打ち退けて、もう春は来そうにないように思え、私の人生から季節がまるごと一つ失われたような気分になる。

ピュリッツァー賞とノーベル文学賞を受賞した大作家ヘミングウェイも「人生から季節

がまるごと一つ失われたような気分」と語るほど、ひどい孤独と喪失感を感じたのだろう。当然のことだ。人間なら誰でも、そんな気持ちになることもある。私たちはみんな個々の存在でありつつ、同時に絶えず他の誰かを必要とし、誰かと共にしか生きていけない存在なのだから。

どんなに寂しいときも、一人で寂しがらないことを願う。心に響く文章でも、映画でも音楽でも、他のどんな芸術でも、あなたのその心が誰かと通じると知っていることを願う。あなたが孤独なとき、どこかにきっと同じように孤独な人がいるから。そうやってその寂しさを乗り切った先には、いつか小さな温もりが、再びあなたの元に訪れるから。経験したこともない寒い冬が過ぎれば、その後には嘘のように暖かい春が訪れるみたいに。

あなたはどうか
一人だと思わないでほしい。
毎日寂しがらないでほしい。

どんなにひどい孤独も

今までよく耐え
どんなにつらい悲しみも
今までうまくやり過ごせたのだから。

そしてまた
誰かはあなたのために涙を流し
誰かは喜んで肩を貸してくれたはずだから
あなたに共感してくれた人と一緒に
あなたが共感した話に耳を傾けられますように。

そうすれば私たちのそばにはいつも誰かが共にいて
祈りを捧げてくれる誰かがいるということを、
あなたもまた誰かにとって温かい人であり
私たちはそうやってお互いに温もりを分け合いながら
一緒に生きていく存在だという事実を、
どうか忘れませんように。

よい子のふりはもうおしまい

いつも、明るく朗らかに振る舞っていないだろうか？　毎回、誰かに譲っているとか、間違っていないのに謝ったりしたことはないだろうか？　みんなにいい人だと思われたくて、ほんの少しでも恨まれるのを恐れてはいないだろうか？　もしそうだとしたら、あなたは「よい子コンプレックス」に苦しめられているのかもしれない。

もちろん、いい人になりたい気持ち自体が悪いわけではなく、むしろそんなあなたは他人に気を配れる温かい心の持ち主なのだろう。でも、ときにその心は、自分自身に悪影響を及ぼしかねないのだ。

私も以前はそうだった。人に恨まれたくなくて、他人の要求に合わせようと必死だった。断れないから、いつも無理して仕事を引き受け、つらくて嫌な人間関係も、ひたすら耐えて維持していた。だが結局、仕事にも人間関係にも疲れ、傷つくばかり。そんな私の気持ちを、誰も察してくれなかった。自分まで疎かにしていた私は、自分を見失いかけただけでなく、誰とも気楽に打ち解けられず、表面的で形式的な付き合いだけをするようになっていた。

「お前、よい子コンプレックスなのか？」

「何それ？」

「誰にでも好かれたくて、いい顔して褒められたくて、誰にも恨まれたり非難されたりしたくないこと」

「言われてみれば、そうかもしれない」

「お前はお前じゃないか。誰がお前を嫌いで、誰がお前を恨もうと仕方ない。それはそいつの問題で、お前はお前以外の何者でもないんだから」

あなたは漫画に興味があるだろうか？　私は思春期の頃から漫画が大好きで、少年漫画だけでなく、少女漫画まで楽しんだほどだ。ある人は、私が漫画好きだと知ると驚いた。「漫画本もたくさん読まれるのですか？」と。私は漫画が一般書と異なるとか、格下のものだとは思わない。漫画を通じても、数多くのことを学び気づかされるのだから。特に愛と友情にまつわる人間模様は、漫画で巧みに表現されているし、難関を打ち破り夢に向かって努力する姿や挑戦する意気込みも勉強になる。

先の会話は、私が好きな漫画家の一人であるハン・ヘインの『ある特別だった一日』に登場する。かつてミニホームページ（二〇〇〇年代に韓国で流行した個人サイト。日本のミクシィのようなもの）を始め、複数のコミュニティサイトで人気を博した会話だ。裏を返せば、よい子コンプレックスのせいで苦しんでいる人が多いということだろう。

よい子コンプレックスは心理学用語で、他人からいい人だと思われたくて行動する心理現象のこと。そのような心自体は悪くないが、他人の視線だけを気にし、自分の気持ちを素直に表現できないことが問題なのだ。人には優しく、いい人に映るかもしれないが、大切な自分の気持ちを、まさに自分で傷つけているのだから。

誰にでもいい顔をする必要はない。まず、自分にとっていい人になるべきだ。そのままの自分を受け入れ、自分の気持ちに正直になって初めて、私という人間を中心に据え、意に反した人間関係にむやみに巻き込まれずに済むようになる。そうやって中心を固めてこそ、建設的な人間関係、お互いに思いやりのある、良好な関係を築くことができる。

ハン・ヘインの作品を読み、私はよい子になろうと頑張っていた過去の自分を抱きしめながら、自分に言葉をかけたくなった。「よい子にならなくていい」「愛されたくて、恨まれたくなくて、無理に努力なんてしなくていい」「もう君はいてくれるだけで、十分に愛しく誇らしい存在なのだから」というふうに。

気乗りしない付き合いがあるなら、あえて続けることはない。あらゆる人間関係には適度な距離があり、状況によって遠ざかることもあれば近づくこともある。大事なのは、しっかりと揺るがない自分を中心に据え、他人にひどく振り回されることも、傷つけられることもない健全な距離を保った関係を築き、それを維持することだ。

もちろん一生に一人や二人、自分の存在によって迷惑をかける人が出るのは致し方ないが、重い関係になるのは、相手に悪いからできるだけ避けた方がいい。風が吹き抜ける距離を置くというのは、最低の礼儀かと思ったのである。

（……）

距離というものは、どれほど偉大な意味を持つことか。離れていさえすれば、私たちは大抵のことから深く傷つけられることはない。これは手品師の手品みたいに素晴らしい解決策だ。

曽野綾子のエッセイ『人間の分際』には、このように適度な距離のある関係性について、些細だが、的を射た洞察が見られる。私もこの本を読みながら、人間関係を振り返ってみた。そして、無理に距離を縮める努力は必要ないこと、人によって適度な距離を置くことがどれほど重要なことなのかを悟った。人間関係はどこまでも相互的だ。片方が犠牲になることで維持できるような関係なら、それはもう健全とは言えない。そんな、自分にはどうにもできない関係で疲れるときは、この本が勧めるように若干の距離を置くだけでも幸せになれる。

家族や恋人、友人のように親しい間柄であるほど、ときには少し離れ、若干の距離を置いて接する姿勢が欠かせない。近すぎれば、その人の全体像が見えなくなるから。むしろ適度な距離があれば、新たな面も見え、健全な関係が保たれているか、客観的に見つめ直すことができる。親しいがゆえに、必ずしも身動きできないほど距離を縮めるのではなく、お互い一定の空間を与え、自由に動けるくらい信頼することが、良好な関係を維持する上で最も重要かつ得策ではないだろうか。

世の中で、自分の思い通りになる関係などない。いくら努力しても近づけない関係もあるが、かえって遠い距離感を保つ方がうまくいくこともある。ときには、親しいはずの人が自分の沈んだ気持ちを察してくれないとか、一方的に距離を置かれる場合もあるだろう。そんなときは傷つきもするが、もしかしたら相手がつらい状況に陥って余裕がないだけかもしれない。少し自分に集中したいときもあるだろう。また場合によっては答えのない難題のように、人間関係のこじれが解けないかもしれない。こんな思い通りにならない関係には、むやみに傷ついたり落ち込んだりせず、若干の余裕を持つのがおすすめだ。

すべての関係には適度な距離が必要で、ときには遠ざかることも再び近づくこともあるのだから、焦らずにそれを受け入れよう。そうすれば遥かに心が楽になり、人間関係で感じるストレスからも解放される。執着してすがりついたりせず、むしろ力を抜いて自由になり、程よい距離を保てば、私たちは健全な関係を維持できるのだ。

私たちは一人では生きていけない。だが、親子や夫婦、恋人のように親しい関係でも距離は存在する。お互い他人として生きているのだから。いつもこのことを念頭に置いておけば、人間関係における様々な問題に直面しても、少しは自由になれそうだ。

最後になるが、人間関係に傷ついた人々のために、素敵な文章を贈りたい。

私の笑顔は名刺代わり。笑顔は私が持てる最強の武器。私の笑顔は、固い絆を結び、気まずい氷を割り、嵐を静める力を秘めている。だから私はいつも、まずこちらから笑顔を見せる人になるつもりだ。(……)今日、私は幸せになる選択をする。

アンディ・アンドリューズの小説『フォンダさんの偉大な一日』の一節だ。出版が決まるまで、様々な出版社に計五一回も断られたというが、そんな苦労の末に世間の目に触れることになったこの本は、世界中で愛されてきた。幼くして両親を失い、野宿をするほど苦難を強いられても尚、笑みをたやさずコメディアンや演説家、作家として成功した彼の肯定的な人生観がよく滲み出ている作品だ。

小説に登場するフォンダ氏の誓いのように、どんな逆境にあっても人に微笑むことのできる豊かな心で、あなたの人生が満たされることを願う。そのような余裕ある心で、心地よく広がりのある空間を生み出し、幸せな関係を作っていけることを願う。ときにはそばで優しく包み、ときには若干の距離を置きながらお互いの時間を持つ、そんな健全で快適な関係を。

母の名前

耳にしただけで、すぐ涙ぐんでしまう単語がある。それは「母」という単語だ。私たちは、母親から非常に大きな愛を受けている。十ヶ月という期間、お腹の中で育ててくれ、ひどい苦痛に自ら耐えてまで、私に世の光を見させてくれた。いくら駄々をこねようが、心を傷つけようが、母は変わることなく私を抱きしめてくれた。

ある日、ふと母の額と目尻に深いシワが刻まれているのを発見したとき、心のどこかがガクンと崩れ落ちたような気がした。世間知らずの小さな子がいい大人になったのだから、母が歳をとるのは当たり前のことなのに、なぜそんなことも想像できなかったのだろうか？

時々幼い頃のアルバムを取り出して、母にも若く美しかった時期があったのだと思う度に、わけもなくもどかしく、感謝、申し訳なさなど、複雑な感情がこみ上げる。母が生きてきた人生を、私たちが一歩ずつなぞって追うと、改めてその無限の愛の大きさを感じさせられるのだ。そのような気持ちで読むと、より一層響く詩がある。

母は
それでもいいんだと思っていました
一日中畑で死ぬほど働いても

母は
それでもいいんだと思っていました
かまどに座って冷や飯で昼を適当に済ませても

母は
それでもいいんだと思っていました
真冬の川に素手で棒を打ちつけ洗濯をしても

母は
それでもいいんだと思っていました
自分は我慢して家族に食べさせ、ひもじくても

母は
それでもいいんだと思っていました
かかとが擦りむけ、布団から音がしても

母は
それでもいいんだと思っていました
手の爪が、切ることもできないほど潰れていても

母は
それでもいいんだと思っていました
父が声を荒らげようが、子どもが泣こうが、毅然としている

そんな母は
それでもいいんだと思っていました
「母に会いたい」
「母に会いたい」、それはただの愚痴だとばかり……

夜中に起きては、部屋の片隅でひたすら声をころし
泣いていた母を目にし
あっ!
母はそれではだめだったのでした

詩人シム・スンドクの「母はそれでもいいんだと思っていました」である。もともとこの詩は、雑誌『よい考え』の百号記念百人詩集『君の愛に包まれて休みたい』に収録されて知られるようになり、以後、多くの人から愛される「国民の詩」になった。彼女は一九六〇年江原道《カンウォンド》横渓《フェンゲ》で、九人兄弟の末っ子として生まれ、母の愛情をたっぷり注がれたという。彼女は三一歳のときに母親と死別し、恋しさに浸るあまりこの詩を書いた。特に最後の一文が、私たちの心を大きく動かす。

そう。母はそれではだめだったのだ。本当にそれではだめだったのに、なぜ母の愛は当然だと思い込んでいたのだろうか。いつもそばで注いでくれる愛の大切さを、なぜ忘れて過ごすのだろうか。親から子への愛という言葉通り、その無限の愛の大切さは、我が子を前にして一層、切に感じられるようになった。

去る二〇〇八年、中国四川地方で大地震が起きた。四川省北部山岳地帯の汶川《ウェンチュアン》が甚大な被害に遭った。ほとんどの建物は原型をとどめないくらいの壊滅状態で、多くの人がその下敷きになった。多数の救急隊員が生存者をくまなく捜索し、ある場所から一人の女性が発見されたのだが、残念なことに、体はすでに冷たくなっていた。

ところが、その女性は特異な体勢をしていた。右手に箸を持ち、かがんだまま何かを包み込んでいた。食事の最中に地震が起き、落下物から何かを慌てて全身で守ろうとしたのだろう。救急隊員が注意を払いながら女性の体を引き揚げると、その腕の中で花柄のおくるみに包まれた赤ちゃんが、静かにすうすうと息をしていたのだ。まるで何事もなかったかのように。赤ちゃんには、母の胸が一番暖かく落ち着く空間だったから。おくるみの中からは携帯も見つかったが、そこにはこんな言葉が残されていたらしい。「愛する私の子、もし生きていたらこれだけはきっと覚えておくこと。ママはあなたを愛していると」

あなたは、母親を名前で呼んだことがあるだろうか？　また、あなたが誰かの母親なら、自分の名前を子どもたちに呼ばれた記憶はあるだろうか？　自分の名前を失い、常に「誰かのお母さん」として生きてきた人生、自分に構うことなく、ひたすら母親として生きるその人生の重みを、じっと考えてみた。多くを諦め、子どもたちのために犠牲を払ってきた人生のはずだが、子どもの名前で「○○くんママ」と呼ばれると、それだけで元気になれ、笑みが浮かび、幸せを感じられることもあったただろう。

（アリストテレスは）真の幸福を「エウダイモニア」と言ったが、これは人間の本性で最も高潔で最高善であるものにより得られる喜びのことだ。これは「幸福とは、魂の活動が美徳と一致するもの」とし、そのような最高の幸福を、祖国や神のように「より高い名分」のために、自分の命を犠牲にすることで見つけることもできると書いた。

ジュール・エバンスは『人生を愛する技術』で、哲学者アリストテレスが語った幸福をこう説いている。このように世界の多くの母親たちにとって、子どもの幸せはまさに自分の幸せだったのだろう。それは自分のために何かをして得られるものではなく、ひたすら誰かのために犠牲を払うことによって得られる、崇高な幸せなのだ。

母にとって、子どもの犠牲になることは幸せだったのだろう。これが、私たちが母という言葉を耳にすると涙ぐむ理由なのだろう。しかし、そんな気持ちを、胸に秘めてばかりいるのではなく、今こそ母に感謝していると、大好きだと伝えるのはどうだろうか。そして自分の名前まで失くして生きてきた母の名前も、たまには呼んでみればいいと思う。「〇〇くんママ」として生きてきた人生も幸せで、嬉しかったと言ってくれるだろうが、私たちのために名前を捨てざるをえなかった母に、また自分の名前で生きていくという幸せを取り戻してほしいから。

今も時々、母から聞かされる言葉がある。それは、「ごめん」という言葉だ。謝られる理由はないと、むしろ私がありがたく申し訳ないと言っても、母の気持ちはどうも変わらないらしい。愛情が大きすぎて、至らなくて悪かったという気持ちの方が先立つのだろう。人生の大半を子どものために費やしたのに、まだ申し訳なく感じていることが、私たちの心を苦しめる。以前はよくわからなかったが、それも自分が親という立場になり、少しずつ理解できるようになった。愛するがゆえ、申し訳なく思う心をよく表している文がある。

母は死を恐れてはいなかった。ただ死を詫びていた。

作家シン・ギョンスクの『どこかで私を呼ぶ電話が鳴って』の一文だ。一生犠牲を払ってもまだ、死に至ってその死さえも詫びる気持ち。どれほど大きな愛があれば、そんな気持ちになるのだろうか。相手を思う気持ちが大きすぎて「愛している」だけでは言い尽くせないから、その代わりに「ごめん」と表すのだろう。

以前、ある広告を目にした。健康診断を終えた人々に、医者がこう告げるという内容だ。

「あなた方に残されたのは、あと九ヶ月です」

人々は不意の告知に驚き、健診結果を開いてみた。そこにはこんなことが書かれていた。

「随分心配されたでしょう？ お先真っ暗になりましたか？ あなたは日々どういう時間を過ごしていますか？ 普段何時に退社し、一日何時間睡眠をとっていますか？ 友人と過ごす時間はどのくらいでしょう？ その時間をすべて除いたら、あなたが一生で家族と過ごせる残りの時間は九ヶ月です」

この広告は大きな反響を呼んだ。私もまた涙がぽろぽろこぼれ、どれだけ家族と過ごす時間をとれているか考えてしまった。

私たちは人生で多くの別れを経験する。考えただけでも悲しくなるが、母ともいつかは別れのときが来る。だから大切な人と、もっと同じ時間を過ごすべきなのだ。私はすぐにでも母に電話をかけ、久しぶりに母の名前で呼びかけながら、とても大切に想っている、そんな気持ちを伝えるつもりだ。

同じ方向へ一緒に歩もう

愛とは何か？　人間であれ悪魔であれ、何であれ、愛ほど疑わしいものは存在しない。それは世の何にも増して魂に深く入り込むものだからだ。愛ほど激しく、私たちの心臓を奪い、また縛るものはない。

小説『薔薇の名前』で、ウンベルト・エーコは愛についてこう述べている。愛は「何にも増して魂に深く入り込む」というこの文章のように、愛はとても強烈だから、誰もがそこに落ちていく瞬間は心身を支配され、自分を操ることができなくなる。それこそが、数多の文学や絵画、音楽等の芸術作品が愛を主要なモチーフにする理由だろう。

愛をモチーフにした芸術作品は数限りないが、まず頭に浮かぶのはダンテの『神曲』だ。彼はルネッサンス文化の先駆者であり、その影響もあって彼の故郷フィレンツェで使われる言語が、今の標準イタリア語になったという。だが、そんな彼のスケールの大きさが理由で『神曲』が思い浮かぶのではない。彼が故郷に残した恋愛話に興味を引かれたためだ。それは、フィレンツェ最古の橋であるヴェッキオ橋が「愛の橋」と呼ばれることに関連している。

おそらくソウルの南山《ナムサン》タワーに行ったことがある人は、恋人たちが南京錠を掛けながら永遠の愛を誓う姿を見慣れているだろう。私が驚いたのは、南京錠の光景がヴェッキオ橋と変わらないことだった。そして、ダンテがその橋で、自分の永遠の恋人ベアトリーチェに初めて出会ったという伝説があることを知った。『神曲』を通して不滅の愛を完成させたダンテとベアトリーチェのように、若い恋人たちもその橋で永遠の愛を約束したのだろう。人の生きる姿はどこでも似通い、愛し合う者たちの心もまた変わらないのだと気づくと、自然に笑みがこぼれた。

ダンテが初めてベアトリーチェに出会ったのは、僅か九歳のときだという。初めて会ったときすでにベアトリーチェは深く印象に残ったというが、ダンテは九年後に彼女に再会すると、すっかり恋に落ちてしまった。ベアトリーチェが他の人と結婚し、二四歳という若さで夭折《ようせつ》した後も、その想いは変わらなかった。ダンテは、現実で叶わなかった愛を『神曲』という偉大な作品で昇華させたのだ。その作品でベアトリーチェは、偉大な聖女かつ救援者として、主人公を地獄と煉獄《れんごく》から天国まで導く重要な役割を担っている。

ベアトリーチェへと向かうダンテの愛は、それこそプラトニックラブの典型を見せている。『神曲』のおかげで、ベアトリーチェという名は今日という日まで崇高で、精神的な愛の象徴になっているほどだ。

しかし、現実でも彼の愛は片思いだった。しかもベアトリーチェは生前、ダンテが自分をどれほど愛しているのか全く知らずにいたはずだ。ダンテの愛は偉大だったが、どこまでも一方的で、お互いに支え、高め合える愛だったとは言えない。

ではどんな愛が、私たちの手本となるのだろうか？　いや、愛とは何であって、私たちはなぜ愛するのだろうか？

精神分析学者であり、社会心理学者のエーリッヒ・フロムは『愛するということ』で、愛を両極性という観点から分析している。プラトンの『饗宴』に出てくる有名な話のように、もともと人間は二人で一体であったが、神の意思により二人に分けられており、愛という感情は、もう片方を探し再び一つになるための過程だというのだ。フロムは、シェークスピアやバイロンに比肩するほど高評価を博している「愛の詩人」ルーミーの詩を引用し、この概念を説明している。ここで、その一部を見てみることにしよう。

愛する者が愛される者を求めるのは
愛される者がその者を求めているから。
「この」胸に愛の光が放たれるとき
「あの」胸にも愛があるとわかる。

（……）

片手だけで手を打ち鳴らすことはできない。

愛する気持ちが芽生えると、恋人は多くを共有しようとする。好きな料理を、好きな趣味を共にしようとする。お互いの関心や好みが異なることもあるが、普通は接点が多いほど関係もよくなる。ともすれば相手の歓心を買うために、嘘をついてまで共通点を作ろうとするかもしれないが、片方だけが一方的に相手に合わせようとすれば、その愛にはきっと限界が訪れる。

もちろん愛には一定の犠牲を強いられるが、その犠牲が一方に偏ればうまくいかない。なぜなら犠牲になる方が人生の主体性をなくし、やがて疲れてしまうから。相手に犠牲を強要するタイプは、愛に強者と弱者がいるという考えに陥りがちだ。

何を隠そう、私も昔はこんな考えに、部分的にだが賛同していた。愛が大きければより損をし、二人の関係においても弱者にあたると思っていたのだ。だが、今はそれがどれほど愚かな考えだったのか、よく理解しているつもりだ。

多くの試行錯誤と失敗を通じ、私はとうとう愛が双方向のものだということを悟った。愛しているなら、お互い全く同じ人生を歩まなければならないわけではない。いくら一体のように親しい恋人であっても、本当に二人で一人の人間のように、どんなときもどんな気持ちも分かち合うことなどできない。恋人にも、お互い適当に自由な空間があるからこそ、痛みや怒りが消え、傷が癒やされ、喜びや愛情で満たされることが可能になるのだ。

お互いを思いやって、ようやく私たちは美しい恋愛ができる。また、そんな恋愛ができてこそ、一人の人間としてより成長する。このように、愛とは関係の均衡を見つけることなのだ。

これを他の言葉で表現するのなら、愛はお互いの手を取り合うこと、そして同じ方向へ歩むことだとも言えるだろう。恋人だからと一日中お互い見つめ合うのではなく、普段は黙々とそれぞれの仕事をこなし、会えばしっかり手を取り合い、同じ目的地へ歩む。あれこれ話をしながら、お互いの感情や日々の出来事を分かち合い、温もりを分け合いながら。
まさにサン＝テグジュペリが残した、次の言葉のように。

愛、それはお互いに見つめ合うことではなく、
一緒に同じ方向を見つめることである。

相手より深く愛しているあなたは強い人間

「多く愛を捧げる方が弱者」

私たちは時々こんな言葉を耳にする。それでいて恋愛を成就させたいなら、駆け引きがうまくないといけないとか、尽くしてばかりいてはだめだと忠告する人もいる。自分だけが優しくして、後で傷つくなよ、と心配してくれる人までいる。だが、恋愛には本当に強者と弱者がいて、私たちは弱者にならないように感情をコントロールし、駆け引きがうまくないといけないのだろうか？

もちろん恋愛が一方通行だと感じ、自分の気持ちがきちんとわかってもらえないとき、心は苦しくなる。一人相撲をしているように感じ、相手が薄情で、もどかしく見えることも少なくないはずだ。

だが相手より深く愛することは、決して失敗ではない。「僕の方がずっと好きだよ」と恋人に告白するのは、何も弱者になる行動ではない。むしろ愛をさらに育てて、強固なものにしてくれるはずだ。愛は、誰がどれほど注ぎ、どれほど受けたのかという損得感情を働かせる関係ではなく、すべて与えても、まだ与え足りないと思う関係なのだから。

それなら一体なぜ、多く愛を捧げる方が弱者だという言葉が生まれたのだろうか？　おそらく次第に愛が一方に傾き、その関係が冷えきり終息するのを、巷でよく目にしてきたからだろう。しかしそんな別れの原因は、本当に片方の愛が深かったせいだろうか？　それは違う。関係の糸を先に手放して愛を大切にしないのは、多く愛を注ぐ側ではなく、愛を大切に思えない側だから。

恋愛を始めるときは、誰しもその愛が永遠に続くと思っているが、多くの愛には残念ながら寿命がある。だが、愛の終焉時には、愛を疎かにした人より、深く愛した人の方が成長し、多くのことを学べるのも忘れてはならない事実だ。傷を負っても、その傷が癒えたら結果的にもっと強くなれる。そのように強くなった人は、別れた恋人にも「あなたはいい人だった」「あなたを愛せて幸せだった」と言えるのだ。心を尽くして愛した人には、何の悔いも残らないから。

私たちはみんな、存在するだけで十分に愛される資格がある。にもかかわらず、相手より深く愛そうと、喜んで弱者になろうという気持ちは、実は本当に強い人間だけが持てるものだ。恋愛する際、強弱を決めつけ、決して弱者になるまいとする人がいるなら、その人はむしろ弱い人だろう。

私も昔の恋愛を振り返ると、惜しみなく愛した恋愛に悔いはないが、愛されることを当然のように思い、相手を疎かにした恋愛には悔いが残っている。誰かからもらう愛がどれほど尊いものかわからない人は、いつの日かひどく後悔するだろう。

この世で愛する人に出会えることは、何よりも大切で貴重な経験だ。だからこそ、私たちは愛する人に振り向いてもらえるよう努力するのだろう。だが縁を結び、恋愛を始めるより、その愛をどのように受け入れ、守り抜くかを考える方がよっぽど大事なのだ。繰り返しになるが、恋愛を続けたいなら、それを受け止める正しい姿勢が必要である。

他者を理解し愛する気持ちも重要だが、その愛をしっかり受け止められる心も、それに劣らず大切なのではないかと思う。誰かの愛を受けつつもその愛を軽んじたり、でなければその愛によってむしろ傲慢になるようなら、その愛は実に悲しく無駄な愛である。

執筆家兼英文学者であるチャン・ヨンヒ教授は著書『私の生涯一度きり』で、愛の正しいあり方をこのように語っている。恋愛を始める気持ちも大事だが、それ以上に大切なのは、「愛をしっかり受け止められる心」なのだろう。

この温かい文章を読んで、私は愛に対する考え方を大きく変えられた。以前は、どうしたら私の真意を相手にわかってもらえるかということだけを悩んでいたが、今は愛をしっかり受け止め、感謝し、それを大切に守る方法について考えるようになった。

誰かから愛されることを当たり前のように考え、小生意気に振る舞ったり傲慢になる人は、愛を無駄にする人である。万が一今そんな人と恋愛しているなら、その行為のせいで傷ついたり、つらい思いをする必要はない。相手より多く愛することは、間違いではないから。むしろ、愛をしっかり受け止める術《すべ》を知らないことが愚かなのだ。

いずれにせよ、相手より多くの愛を捧げることは、本当に麗しく幸せなことだ。相手がその愛を十分理解できる人なら申し分ないが、もしそうでなくても気を落とすことはない。愛を捧げられる人はしっかり愛することを知っているから、これからもっといい恋愛をする機会が増えるに違いない。恋愛中のすべての瞬間に向き合える人は、決して大切な時間を無意味に浪費したりしないから。

行いは、それ自体は美しくも醜くもないね。例えば、今私たちが行っているのは、酒を飲むことであれ、歌うことであれ、議論することであれ、何もこれら自体が美しいわけではない。行いが美しいかどうかは、その行い方によって決まるのだよ。美しく正しく行われるなら、それは美しい行いとなり、正しく行われないなら、それは醜い行いとなるわけだ。愛するという行いもまさに同じだよ。エロスというそれ自体がすべて美しいわけではなく、ひたすら美しく愛するよう導いてくれるエロスだけが美しいのだ。

愛についての最古の書物は、プラトンの『饗宴』だろう。ソクラテス、プラトンなど、古代ギリシャの賢人たちが集まり、共に酒を酌み交わしながら愛について議論する場面が描かれた哲学書である。その場でパウサニアスは、愛について先のように語っている。愛はそれ自体が美しいのではなく、ひたすら美しく愛するときにだけ価値があるのだと。すなわち、相手を正しく愛し、労わり、尊重し、大切にしてこそ、愛は高貴で純粋なものになるのだ。

この本にはいろいろな哲学者が登場し、愛についての考えを語り合っている。肉体的、精神的な側面、そして美しさ全般についてまで。

私は特にパウサニアスがする愛の話に、心から共感した。そして身勝手でなく思いやりある恋愛、受けるばかりでなく、しっかり与えることのできる恋愛をしようと心に決めた。なぜなら、それが私の求める美しい愛の形だから。ひたすら自分の心だけを大切にし、相手の心を疎かにする愛は、決して好ましくないから。

君の愛が無事でありますように。
僕の愛も無事だから。

作家イ・ドウの小説『私書箱110号の郵便物』に登場する文章だ。主人公の女性が、心を寄せる男性の部屋の本棚に、彼の書いた詩集を見つけた。その余白に書き留められていた何とも素敵な言葉なのだが、愛の本質も貫いているように思えた。自分より相手のことを先に気にかける心こそ、まさに愛だから。

強者と弱者、力関係をはっきりさせ、あれこれ高慢に振る舞ったりうまく立ち回ったりするのは、愛ではない。誰に強制されることなく相手のことをまず考え、相手に配慮し、惜しみなく愛を注ぐ心を持って初めて、私たちの愛は健全なものとなる。そういう人でこの世が溢れれば、傷つくまいと相手の顔色を窺うこともなく、きっと誰もが温かな愛を育めるはずだ。

今、愛している人がそばにいるなら、
その気持ちを疑わないでください。
もっと惜しみなく愛してください。
本当に愛を受ける資格がある人なら、
間違いなくあなたの大切な心をわかってくれますから。

相手より深く愛する人が、強い人です。
相手より深く愛する人が、真の愛し方を知っている人です。

すべての縁に
終わりがあるとしても

一日に数えきれないほど出会っては別れる人たちのうち、大切な縁を結べている人はどれほどいるだろうか？　幼い頃は近所や学校、あるいは塾で、暇さえあれば新しい友達を見つけて行動を共にしていた。だが、大人になり社会生活をしていると、以前より新しい出会いに躊躇し、縁を結ぶことが苦手になった。それだけではない。切れずにいた縁も、寂しげに舞い散る枯れ葉のように、一人また一人と私から離れていくようで、侘しく寂しい限りだ。

縁は本当に大事なもの。結局私たちの幸せは、どんな人とどんな関係を結んで生きていくかによって、大きく左右されるのだ。自分をひどく苦しめる悪縁を結んでしまったら、人生はつらさを増し、疲弊する。逆にお互い力となり、ポジティブな影響を及ぼし合える間柄なら、人生は活気に満ちたものになるだろう。だが残念なことに、真の良縁を見つけ出し、それを上手に紡いでいくことは、そう簡単ではない。

縁と言えば、思い浮かぶ作家がいる。詩人であり小説家、随筆家でもあるピ・チョンドゥクだ。彼の作品の中でも一番有名なのは、次の「縁」という文だろう。

恋しいのに、一度会ったら二度と会えないこともあれば、一生忘れられないのに、あえて会わずに生きることもある。

淡白でありながらも感性豊かな文体だ。これは彼が、東京留学時の縁について綴ったものである。思い通りにならない縁の切なさとやりきれなさを、巧みに表現している。私は個人的に、「長寿」という彼のエッセイも好きだ。それを通して、縁のあり方を多く学ばせてもらった。

過去を鮮明に回想できる人は間違いなく長生きする人であり、その生活が美しく輝いていたなら、その人はたとえ貧しくとも豊かな人である。かつてを思い出にできない人は、生涯が絢爛《けんらん》だったとしても、隠しておいた宝の名と場所を忘れてしまった人と変わらない。

一生懸命生きてはきたが、自分の人生は機械的だったのではないかと見つめ直すきっかけとなる文章だ。作家は、私たちが美しい縁を結ぶべき理由は、それが過去を蘇らせてくれるからだと語る。人は誰でも一度きりの人生を歩み、現在を生きるしかないが、良縁に恵まれたら、また生きてみたいと思う時間を再び生きられるのだ。思い出と共に懐かしみながら。それは、人生をより幸せにする行為そのものだ。そしてまさにこんな理由から、いつ会っても嬉しい、そんな大切な人との縁に感謝しながら生きていくべきなのだ。

私はまだ若輩であるが、今までいろいろな場所で予想外の良縁に巡り合えた。その都度「ああ、縁は日頃から大切にして誠意を尽くさないといけない」と思う。職場では、私も知らず知らずのうちに利害関係を計算したり、偏見を払拭できないまま付き合い始めたりする場合もあるが、そうやって結ばれた縁は深くもなければ長続きもしない。

入社してからしばらくは、忙《せわ》しく人脈を広げていた。私は次から次へと人と出会いながらも、常に誠心誠意尽くそうと努力した。だが、ある人は私の心など全く解することなく、ある人はそんな私を利用しただけだった。人間関係で誠意を示す気が、だんだん失せていった。そんなとき、大事なクライアントとの大きな契約交渉をすることになった。契約を結べるように精一杯頑張ってみたが、なぜか担当者はなかなか私に会おうともしてくれなかった。内心傷ついていたとき、ある先輩がこんな言葉をかけてくれた。

「誠意を示したら、縁は必ずつながるから」

この言葉を聞いて勇気を出した私は、その後も担当者に会う度、誠意を忘れなかった。結果的にその契約交渉は失敗に終わったが、心だけは伝わったのか、後日、別の案件を先方から提示してくれたのだ。その後契約を結び、一緒に食事をする間柄になった頃、その人は私にこう話した。

「人は大概言葉では本心と言いながら、利益がないと思えばすぐに手のひらを返すものなんだが、スンファンさんは、正直な姿がいつも変わらないのが気持ちいいですね」

縁を難しく考えることはない。ただ、良縁が目の前にあれば、そこに全力で集中するだけだ。もちろん、それでも思い通りにいかず、傷を負う羽目になる悪縁だったりもするが、それでもまたそんな痛みを癒やしてくれる良縁にきっと巡り合える。一つ一つ綿密に計算しながら自分を飾って見せるのではなく、真摯な態度を見せることが肝心なのだ。これは、私たちが結ぶ関係で最も重要な、恋人に対しても同じことだ。

なぜ良縁を前に、生じてもいない余計な心配をしていたのだろうか？　良縁ならば、たとえ別れようとしてもその縁は切れず、縁がなければいくら頑張っても別れるとは、よく言いえている。本当につかみたかった縁を逃してしまうこともある。縁があるとは思いもしなかった人が、いつの間にか隣で見守ってくれていたりもするのだから。

どんな縁が自分と共にする縁なのかは知りようがないから、私たちが出会うすべての縁で示すべき姿はただ一つ。周囲の視線を気にしたり、起こりもしないだろうことに気を揉んだりする代わりに、真心をありのまま見せることだ。

毎日少しずつ
私のもとへ近づいてきて

人間たちには、もう何かを知るための時間がない。だから、お店に行って、出来合いのものを買うだけさ。だけど、友達はどこにも売っていないから、人間たちは友達を持っていないんだ。友達が欲しいのなら、僕を飼いならすことだよ。

砂漠の狐は星の王子様に遠慮がちに近づき、こう提案する。そして星の王子様が、ではどうすれば砂漠の狐を飼いならすことができるのかと聞いたところ、こう答えるのだ。

毎日少しずつ僕に近づいてきておくれ……（……）いつも同じ時間に来てくれたらもっといいな。（……）もし、君が午後四時頃に来ることになっていたら、きっと僕は三時から嬉しくなるよ。

サン＝テグジュペリの『星の王子様』の有名な一節だ。一九四三年に発表された作品だが、今も尚多くの人々から愛され続けている。特に「大人のための本」だと作家が明かしたように、大人が読んでも非常に意味深い、多様なメッセージが込められている。

中でもとりわけ、先に引用した砂漠の狐との話がよい。読みやすいにもかかわらず、人間関係について多くのことに気づかされるからだ。お互い少しずつ近づいた砂漠の狐と星の王子様とは違い、私たちは焦って効率性を追求することに慣れすぎている。だから誰かと親しくなりたければ、毎日少しずつ近づく代わりに、メッセンジャーやSNSを通して二四時間「やりとり」する方を選ぶだろう。非常に簡単で楽に見えるが、こうやって結ばれた友情は、またすぐに壊れ、遠ざかるのも早い。手軽に店で物を買うように近づき、またその物を簡単に捨てるように遠ざかるような関係、果たしてそれを本当の友情と言えるのだろうか？

嬉しいことだけを共にするのではなく、つらいことやそんな気持ちまで共有し、ときにはお互いぶつかりながらも共に多くの思い出を重ねる、そんな関係がいい友情だと言えるのだろう。しっかりした関係を築くためには、もちろん時間を要するのだ。

しかし残念なことに、大人になった私たちに、そんなに多くの時間はない。学生の頃には同じ空間で、時間をかけていろいろな関心事も共有できたが、大人になり社会人になってからは、それぞれ日々の仕事に追われ、時間を十分に取る余裕をなくしている。だから、新しい友情を築くことにも、だんだん億劫になってくる。

とはいえ、私たちがもっと幸せに生きるために、友情の存在は大きい。嬉しいこと、悲しいこと、楽しいこと、憤ること、何でも気軽に話ができる友人が必要だ。無理して飾らず、心置きなく会える友人、自分をめかしこむのに忙しい時代にありのままの姿を見せることができる友人、そんな友人がいるだろうか？　どうしたらそんな友情を温められるのだろうか？

友情について話をする度、頭に浮かぶ文章がある。

夕食後、遠慮なく訪ねてお茶を飲んで話せる友人がいたら嬉しい。着替えもせず、ちょっとキムチ臭くても、嫌な顔一つしない友人が近所にいたら嬉しい。

雨降る午後や雪舞う夜に長靴を引きずり訪ねてもいい友人、夜が深まるほど虚しい心も安心して見せられるし、悪意なく噂話をしても、他言される心配をしなくていい友人が。自分の妻や夫、兄弟や子どもとだけ愛し合い、どうして人は幸せになれるだろうか。永遠がないなら尚更、永遠を夢見られるよう支え合う真の友人が必要なのだ。

詩人ユ・アンジンのエッセイ『芝蘭之交《しらんのまじわり》を夢見て』の一節だ。細密で流麗でありながらも温かい文体が特徴的だ。私が初めてこの文を読んだのは中学生の頃だったが、今も読む度に大きな感動を覚える。実際、詩人が語るありがたい友情は、深い信頼関係なしに簡単には得られない。読み返す度に自分を振り返り、友情についてもまた考えに耽ける。

私にとっての友情は、その意味合いが変化し続けているようだった。あるときは共通の趣味を持つ友人だけを選んで会ったし、また反対に仲間から疎外されていると感じるのを恐れ、友人にすべて合わせていたときもあった。しかし考えてみれば、そんな必要はなかったのだ。友情で大切なのは、何から何まで相手に合わせることではなく、お互いを思いやる気持ちなのだから。お互いへの配慮と信頼さえ持つことができれば、考え方や趣向の違いは友情を妨げるわけではなく、むしろお互いの人生を豊かにしてくれるものだから。

友情の本来の姿を考えるとき、自然に頭に浮かぶ二人がいる。十五歳もの年齢差を物ともせず熱い友情を交わした、哲学者で作家のジャン・グルニエと作家アルベール・カミュだ。二人は高校で出会い、元々は教師と生徒の関係だったが、世界と芸術について話を交わし、腹を割って話せる親友になったのだ。グルニエは、自分よりずっと若く、四六歳という若さでこの世を去ったカミュを偲んだエッセイも残している。それが『アルベール・カミュ――思い出すままに』である。

彼は内面の感情を改めて露わにする必要がなかった。なぜなら、内面の感情をしっかり落ち着かせ、すでに冷静かつ、確かに具体化してあったからだ。だからときにはカミュと対面したとき、変貌ぶりに驚かされることもあった。しかし、このような場合は非常にまれであったことを付け加えたい。普段彼との対話は楽しく、ユーモアとウィットに溢れるものだった。

カミュについての鋭い洞察と、深く偽りのない愛情が同時に感じられる文章だ。細やかに気を配りつつも、知的刺激を与えながら成長を助け合い、相手がつらいときはいつでも喜んで力になろうとする二人。親友とは、まさにこういう関係だろう。時間を共にすればするほど、心が豊かになり人生が美しくなる関係だ。

いつか、友人たちとこんな話をしたことがある。友人なら、どんな価値観で生きるかくらいは語り合えるべきではないかと。くだらない話をして楽しむことも有意義だが、ときには心の奥に眠っている話もできればいい。それこそが、もう少し豊かで深みのある人生につながる望ましい友情ではないだろうか。私はこんな友人関係の重要性を、作家キム・ヨンハのエッセイ『語る』を読みながら、より確信した。

四十を超えて知った事実の一つは、友人があまり重要ではないことでしょう。間違った考えをしていたのです。友人がもっと少なかったら、私の人生はもっと豊かだったと思います。無駄な飲み会に、あまりにも多くの時間を遣いました。気まぐれで複雑な友人らの性格とは異なる私の性格が、彼らと合うことはないのに、無理に合わせようと時間を浪費したのです。いっそのことその時間に本を読んだり、睡眠をとったり、音楽を聴いていればよかったものを。ただ散歩してもよかった。二十代の若いときは、友人たちとずっと一緒に過ごすように思い、この先も一緒にすることがたくさんあるように思えたから、自分が損することがあっても、合わせようとしたりするじゃないですか。だけど間違いでした。結局は様々な理由で、多くの友人と縁遠くなりました。友人といるよりも、自分自身の好みに耳を傾け、もう少し心を豊かにする方がずっと大切でしょう。

どうだろう。キム・ヨンハの言葉に共感できただろうか？　私はすっかり共感してしまった。「友人がもっと少なかったら、私の人生はもっと豊かだった」という言葉、特に「無駄な飲み会に、あまりにも多くの時間を遣いました」という部分には、チクリときてしまった。

もちろん彼の言葉は、本当に友人が全く大事ではなく、会う必要もないという意味ではないだろう。むしろ、友情の重要性を強調しているに違いない。友情は私たちの興味の幅を広げ、心を成長させ合うものだから。私はこのエッセイと先の『アルベール・カミュ――思い出すままに』を通して、どんな友人と付き合わなければいけないのか、どんな姿勢でその友情を守っていくべきなのか、今一度考えさせられた。

縁は努力しなければ遠ざかり、切れてしまう。愛や友情も同じだろう。私たちは愛について、少なくとも頭では努力し合うべきだと理解している。しかし不思議なことに、友情については愛より粗末に扱い、ぞんざいにしがちだ。一度切れた関係の糸を元通りにするのは、並大抵のことではない。だから私たちは愛に尽くすくらい、友情のためにも努力すべきなのだ。

お互い多くの思い出を共有する友人、

興味の幅を広げてくれ、いいときも悪いときも
気楽に頼れる友人、
心を優しく撫で、成長させてくれる友人、
そんな友人があなたのそばに、いつでもいてくれますように。

誤解を恐れないとき

最近、傷つくことがあった。かなり大きな悩みを抱え、誰にも相談できず、一人でくよくよしていたのだが、その問題をよく理解してくれそうな知人にためらいながら打ち明けてみた。しかし、彼の反応は冷たかった。

「何かと思ったらそんなことか。何でそんなに落ち込んでるの？」

彼なりの慰めの言葉だったのだろうが、かなり傷ついた。解決策を望んだわけではなかったが、せめて私のつらい気持ちに寄り添ってほしかった。その悩みと一緒に、私自身まで「そんなこと扱い」された気がしてしまった。

こんなふうに、心をわかってくれると信じていた人に理解されなかった経験がある人は私だけではないはずだ。こんな経験をしたら、人は肩を落とし、悲しみに暮れるだろう。

他人と大きな距離も感じてしまう。でも反対の場合もある。悪気はないのに、自分のつれない言動で、誰かに似たような傷を負わせてしまうことだ。

こう考えると、他人を理解することは一筋縄ではいかない。フロイト、ユングと共に現代心理学の巨匠に挙げられるアドラーもまた、『アドラーの人間理解』という本の巻頭でこのように吐露しているほどだ。

私たちは、人間についての理解なしに長く生きてきて、その結果、お互いに不慣れになってしまった。私たちは、子を理解できないと嘆く親と、自分を理解してくれないと不平をもらす子どもたちをよく見かける。(……)ほとんどの人は、人間の理解について無知でありながら、自分は人間というものをよく知っていると過信し、また、僅かな知識で他者に教えようとする。

オーストリア、ウィーンの市民大学での一年間の講義内容を整理したこの著書で、アドラーは人間を理解するのは非常に困難だと述べている。一人一人性格や生活、経験も異なる赤の他人なのだから、無理もない。すなわち、他人を理解するためには、自分は人間をよく知っていると自負する代わりに、すべての人はみんな違うのだから、他人を完全に理解することは難しいと知ることから始めなければならない。
作家キム・ヨンスもまた、短編小説『世界の果て、彼女』でこれと似た話をしている。

私は、他人を理解できるということに懐疑的である。私たちは多くの場合、他人を誤解している。君の気持ちを私はよく知っている、などと言ってはならない。その代わりに、君の言っている意味がわからない、と言うべきだ。私が希望を感じるのは、人間のこのような限界を発見するときである。私たちは努力しない限り、お互いを理解できない。だが愛というものは、こんな世に存在する。だから、誰かを愛する限り、私たちは努力を惜しんではならない。そして、誰かのために努力するこの行為自体が、私たちの人生を生きるに値するものにするのだ。

他人を理解することは、非常に難しい。相当な努力がいる。でも私たちは、だからこそ絶えず人を愛するのかもしれない。キム・ヨンスの言うように、愛も理解も、努力が必要なのだ。あえて言わなくてもわかっていると考えるとき、実際に心は伝わらず、お互い理解できない。親しい間柄、ましてや愛する人となら尚更、遠回しでない表現で正直に話をすべきなのだ。もちろん、相手の心も十分に推し量りながら。

家族を理解するのも同じである。一つ屋根の下で長時間共に過ごしてきた一番近い関係だから、あえて言わなくてもわかるだろうという考えは、錯覚であることが多い。

私が子どものときのこと。ある日突然母に、「少し友人の家にお世話になっておいで」と言われた。理由はわからなかったが、そうして友人宅で一ヶ月近く過ごす間、私は何を気にすることもなく、もっぱら楽しく過ごした。ところが、随分経った頃、母からこんな話を聞かされた。

「スンファン、あなたが小さい頃、お父さんの具合がすごく悪かったの覚えてる？」

「え？　初耳だけど？　そんなことあったの？」

寝耳に水でひどく驚いた私に、母はこう言った。

「あなたが十歳のとき、友達の家にしばらくいた時期があったでしょ。あのとき、お父さんがあなたには苦しむ姿を見せたくないからって、一ヶ月間友達の家で過ごしてもらったのよ」

初めはこの話を聞いて動揺した。いや、何で？　息子なんだから、そういう姿を見せたって構わないのに。私は、なぜ両親がそんなことをしたのか納得できず、家族である自分にそのことを隠していた事実にも腹を立てた。そんな私に、母はこう続けた。「大好きだからそうしたのよ。すごく愛してるから。幼いあなたには、凛々しく、強い姿だけを覚えていてほしいものでしょ。苦しむ姿を記憶させるのは嫌だとお父さんは言ってたのよ」

父のそんな気持ちをしみじみ理解できるようになったのは、私も同じ父親になってからだ。娘の顔を見て、当時は知りようもなかった父の気持ちが、ようやく少しはわかるようになった。このように、理解には経験を必要とすることもある。

私は父としての気持ちを込め「娘に宛てる手紙」という文を書いたことがある。どんな親も子どもを愛す心が同じなのか、ありがたいことに多くの人が共感してくれた。

あの日以来、世に跪きたくなるとき、こんな言葉が浮かぶ。

「愛しているから。とても愛しているから」

君のおじいさんとおばあさんが、お父さんを愛していると言う意味が、やっとわかるようになったよ。

お父さんとしての心がね。

娘よ、お父さんが聞かせたい話はこうなんだ。
どんなことがあっても、どんなことが生じても
最終的にはおじいさんは、お父さんを愛してくれたこと。

お父さんも同じだよ。お父さんは君をとても愛している。
愛しているという言葉は、ときにはうまく口をついて出てこないこともあるし、
野暮ったかったり、ぎこちなく聞こえるかもしれないけど、
いつだって真剣にお前を愛しているっていうことだよ。

世の中がすごく冷たく感じられ、
誰も自分をわかってくれないと思ったとしても
お父さんはいつも君を愛しているということを忘れないでほしい。

お父さんだけはいつでも君の味方で
応援しているということを覚えていてほしい。

何があっても最後まで
君の手を離さないという約束を信じていてほしい。
君はお父さんの愛を注がれた人だから。
愛の力でこの世に生まれた子だから。

私の娘よ、愛している。

お互いの理解不足が、摩擦を招く。家族でも、友人や恋人でも、下手なプライドを掲げて争うこともあれば、学校や職場の先輩後輩と衝突することもある。

おそらく、誰かはこんなふうに言うだろう。「そんな誤解も、時間が経てば自然に解決するよ」と。しかしお互いの努力なしに、誤解はすぐに解けたりしない。ポイントは、私たちがお互い理解に苦しむという事実ではなく、「それにもかかわらず」お互いのために努力し、愛せるということだ。

仮に完全に理解できなくても、関心を持ちつつ理解しようと歩み寄ることができれば、それがまさに愛なのだ。アラン・ド・ボトンの小説『なぜ私はあなたを愛するのか』には、このような愛と理解について、美しく描写されている場面がある。空港で初めて出会うクロエに一目惚れし、愛にすっかり溺れる男性主人公の姿だ。

その瞬間、私はクロエの肘の近くにあった、無料で出てくる小さなマシュマロの皿を見た。突然、私はクロエを「愛している」よりも、むしろ「マシュマロしている」のだと気づいた。マシュマロがどうしたら、私のクロエへの感情と突然一致したのか、私にはまるでわからない。しかし、その言葉は、あまりにも乱用され、擦り減ってしまった愛という言葉とは違って、私の心の状態の本質を正確に捉えているようだった。より不可解なことだが、私はクロエの手を握り、彼女に非常に重要な話がある、私は君を「マシュマロしている」と言うと、彼女は私の言葉を完全に理解したようだった。彼女は、それは自分が生涯聞いた言葉の中で最も甘い言葉だと答えた。

「マシュマロしている」という告白、そしてその告白を生涯聞いてきた言葉の中で一番甘いと感じること。これは結局、私たちの理解というものが、単純に言葉の正確性の問題というよりは、心に正直かどうかの問題だということを教えてくれている。誠意なく掛けられた「愛している」という言葉より、心を込められた「マシュマロしている」という言葉の方が、愛する気持ちをより確かに伝えている。誰かを完全に理解できなくても、常に相手に真心で接し、少しでも相手を理解しようと努力する姿勢。その姿勢がすなわち愛なのだ。

このような愛が込められるなら、「苺している」でもいいし、「コーヒーしている」でもいいかもしれない。たとえ誤解されても構わない。愛はそんな誤解を恐れないとき、一層膨らみ、ぐらつかなくなるから。だから誰かを愛するなら、恐れることなく、躊躇することなく、心から湧いてきた言葉を伝えてみるのはどうだろうか？　そう、今すぐに。

4章

自分らしく生きるために

私の世界と向き合う

堂々と自由に

「あなたの人生の目的は？」と聞かれたら、私はこう答える。「私として生きることです」と。この答えをいささか訝《いぶか》しく思う人もいるかもしれない。「誰だってもう、自分として生きているのでは？」と。こんなふうに疑問視している人たちに聞いてみたい。今、あなたは本当に「自分らしく」生きているだろうかと。

簡単にそうだと答える人は、おそらく多くないはずだ。「自分として」ではなく、「自分らしく」生きるということは、もう少し自分のあり方に直結する問いだから、答えに悩む人もいるだろう。

この問いにはむしろ、自分らしくは生きていないと答える人の方が多いかもしれない。悲しいことに、世間一般では好きなことをして生きる自由人より、社会の決められた枠に仕方なくはまり、多くの仕事や人間関係の中で脇目も振らず生きている人の方がずっと多いから。世の中で最も貴重な存在である自分自身を振り返る、そんなちょっとした余裕すら持てずに。

自分らしく生きるのは、決して簡単ではない。特に現代のようなネット社会では尚更だ。自分らしく生きるためにはしっかり自尊心を持つことも重要だが、一日中他人の人生を覗き見て自分の人生と比較してしまうようでは、自尊心を守るのも容易なことではない。だが、私たちが肝に銘じておかなければならないのは、幸せで美しく見えるこの人生にも浮き沈みがあり、明暗があるという点だ。これを度外視したまま、暗い部分にばかり気を取られてしまえば、明るい部分まで見失いがちになる。そうやって自分らしさを見失う人々に、アヤーン・ブラホマー和尚は『酒に酔った象を手なずける』という本の中で、こんな話をしている。

ある和尚が寺を建立した。しかし、工事が終わってみると片側の壁面に煉瓦が二枚、目障りなほど飛び出ていた。だから毎日「この壁をサッと取り壊して、また積み上げないといけないかな」と人知れず気を揉んでいた。壁の前を通る度に神経を尖らせ、誰かがこの壁前で立ち止まっているのを見かけると、恥ずかしくて仕方なかった。そんなある日、ある訪問客が寺を見て回り、この壁をじっと眺め、和尚に「本当に美しい壁だ」と褒めた。和尚はその言葉を鵜呑みにできず、この壁は煉瓦二枚が綺麗に積まれていないと話した。すると、訪問客は和尚を見てにっこり微笑みながら、このように答えた。「私の目には、うまくはめ込まれなかった二枚の煉瓦も目に入りますが、それよりも立派に積まれている残りの煉瓦の方がずっと美しいので気になりません」

誰にでも「煉瓦二枚」程度の不出来はある。どんな偉人にも例外はない。私たちは、そして私たちの人生は、決して完璧ではないから。それなのに人々は、たった一つの自分の短所を、あまりにも大きなものと捉えている。自分を足りない人間と感じ、そういう評価を下しているのだ。私たちは自分だけが持っている長所を、もう少し誇らしげに思うべきだ。

私も同じく自信が持てず、人の視線を気にすることが多々あった。初めて〈人生の文章〉というオーディオクリップを制作したときもそうだった。ぼそぼそした声や、方言を隠せない話し方がぎこちなくはないか、心配ばかりしていた。学生時代に、子どもっぽい発音をよくからかわれ、コンプレックスにもなっていたから。これを矯正するために随分努力したものの、案の定かなり多くの中傷コメントを付けられた。確かに傷ついたが、私はこの一節を噛みしめ、また勇気を持つことができた。

人を愛せない者が人から愛を受けられないように、自分を信じられない者は人に認められない。だから自分自身に無限に寛容になりなさい。私たちは十分にそうするだけの価値がある存在である。少なくとも自分には、自分という存在に対してはそうする価値がある。そして、人の冷ややかな視線を浴び、胸を痛めるよりは、かすめるように向けられた軽い微笑みも肯定的に受け取りなさい。批判的な視線や拒否が、本当に自分に向けられたものなのか直接確認しないうちに、決してそれを自分のせいだと早合点し、無条件で納得してしまわないよう願う。

ドイツの心理カウンセラー、ベルベル・ヴァルデツキーの『君は私を傷つけることはない』の一節だ。作家は、自分自身に無限に寛容になれと言う。私は大いに慰められた。特に、私の短所をつくような相手の批判に、無条件で納得するなという言葉に救われた。また、自分が価値ある存在だと信じつつ、自身に無限に寛容になれと言う言葉は大きな力となった。

私たちはまた、「人の間違いを許してあげなさい」という言葉をよく耳にする。だが実際そのような言葉をかける習慣は、他人にではなく自分自身にもっと必要なのだ。『私は私のままで生きることにした』の作家キム・スヒョンもまた、次のように語っている。

私が最終的に下した結論は、世間から価値のない人間だと思われても、私は自分を大切にして、自分らしく堂々と生きていけばいいということだった。

結局自分らしい生き方の基本は、自分自身をポジティブに捉えることから始まる。たいしたことのない短所に固執し、多くの長所までその評価を下げる必要はない。世の中に自分は、たった一人。他の誰も身代わりになれないということだけでも、私たちの人生は特別で価値があり、魅力的だといえるだろう。

たとえ短所があったとしても、それよりずっと多くの長所を持っている存在なのだから、十分に自分を褒めたい。堂々と自由に、自分らしい人生を歩んでいい。自分らしい人生を生きるために、私たちが最初に悩むべきことは、他人の視線や批判に神経を遣うことではなく、次のような問いを投げかけながら自分の評価を見直すことだ。

君にとって日々の歴史とは何か。それを成り立たせる君の習慣を見つめ直すがいい。それは数知れぬ些細な臆病や怠惰の産物なのか、それとも、勇気と創造的理性の産物なのか。

ニーチェが「愉しい学問」で投じた問いだ。自分らしく生きるためには、このような問いを、常に自分自身に投げかけることが重要である。人の言葉や基準に惑わされることなく、ただ勇気を持って、自分の人生を歩んでいるのかセルフチェックするのだ。

自分らしい人生を生きることは、平和で穏やかな湖を遊覧することとは違う。むしろ大海原を航海することに近い。ときには台風や猛々《たけだけ》しい荒波に揉まれ、苦難の時間を過ごすこともある。しかしその過程をすべて経験したなら、小さい湖にだけ留まっていては決して得られない、人生の崇高な意味と価値を見つけられる。どのような困難にもぐらつかない、自分だけの揺るぎない人生を見失うことなしに。

最後になるが、その自分らしい人生のため、すぐ近くの大海で生きていく勇気を出すあなたへ、『その男ゾルバ』の著者ニコス・カザンザキスが、自身の墓碑銘に刻んだ、激励の言葉をかけたいと思う。

私は何も望まない。私は何も恐れない。私は自由だ。

生きていくことは
別れに直面すること

「きっといい所へ逝かれたに違いありませんよ」

喪服を着た人たちが弔問に訪れ、母に哀悼の言葉を述べる。周囲には、喪服を着た親族たちが涙を浮かべている。実際どんな言葉をかけたとしても、十分なお悔やみの言葉にはならないと誰もが知っている。ただ、束の間でも寄り添わせてもらえることをありがたく思うだけだ。

悲しみはこうやって近づいてくる。誰にでも、それぞれ違った大きさや形で。他人の悲しみに完全に共感できる者などいない。だから悲しみを耐えることは、根本的には各々の問題なのだ。似たような悲しみを経験しても、誰かは軽く身をかわして乗り越えてしまうし、誰かは引きずって絶望の淵に突き落とされてしまう。どんな方法が正しいのか、他者には判断できない。本人にしかわからないのだ。

人々は「勇気」を持てと私に言う。しかし勇気を持つべきだったのは、あのときではなかった。母が病気だったとき、看護しながら母の苦しみと悲しみに直面しなければならなかったとき、私の涙を隠さなければならなかったとき、その都度何らかの決断を下さなければならず、平静を装わなければならなかったとき、あのとき、私は勇気を出せた。

今、私にとって、勇気は別のことを意味している。生きようとする意志。けれどそのためには、あまりにも大きな勇気が要る。

批評家のロラン・バルトの『喪の日記』に出てくる文章だ。この本は、母親の他界後、彼が書いた短い日記とメモを集めたものだ。出版エピソードが興味深く、彼は日々、母の死を悼み、悲嘆に暮れ、母を恋しがり、その心情を、ノートを四等分にした紙にせっせと書き溜めていたそうだ。しかし箱に入っていたそのメモは、ロラン・バルトの死後三十年ほど経った二〇〇九年になって、初めて日の目を見ることになったのだ。

この本には先の文章のように、ロラン・バルトの喪失による苦痛が切々と描写されている。彼は病に伏した母親を看護するときに必要な勇気は、母がいなくなった世界を生きていくために必要な勇気に比べれば何でもないという。一文一文を噛みしめながら読む度に、ロラン・バルトが感じた喪失感の大きさを推し測ることができる。

祖母が他界した際、母が火葬場でペタッと座り込みうなだれていた姿は、今でも脳裏に焼きついている。持病を患っていたため、別れの準備をする時間が十分あったにもかかわらず、その悲しみは準備してもし切れるものではないと、葬儀での母の姿からよく見て取れた。「もしも両親が死んでしまったら、僕はどんなふうになってしまうのか。その悲しみに耐えられるのか」という不安に襲われた。

生きるということは、必然的に愛する人との別れを、その人がいなくなる世界に直面することを意味する。この世界中どこを探しても、愛する人に二度と会えないという悲しみ。ロラン・バルトと私の母が感じた悲しみを、私も避けては通れないだろう。そんな悲しみを前に、私たちにできることは、ないに等しい。ただあてどもない苦しみに耐える人がいるということを、そして人は誰でもそんな痛みや傷を抱えているか、抱えるしかない存在だということを慮《おもんぱか》り、静かな慰めと哀悼の言葉をかける以外は。

哲学者ジャック・デリダは、デカルトの著名な格言「我思う、ゆえに我あり」をもじり「我哀悼する、ゆえに我あり」と言った。他者の悲しみに寄り添い、慰めの言葉をかける気持ち、すなわち哀悼を通してのみ、私たちは人間らしさを守り続けられるのだろう。人は誰でも愛する人と共に生きていくものだから、愛を失う悲しみに直面するしかない。だから悲しみを、哀悼を学ぶことは、すなわち私たち自身を学ぶことでもあるのだ。

ならば、果たして私たちはどんな哀悼を表すべきだろうか？　翻訳家であり文学評論家のワン・ウンチョル教授は、自著のエッセイ『哀悼礼賛』で、精神医学者フロイトが書いたある手紙を紹介している。フロイトが、息子を失った友人を慰めるために送ったものだ。

私たちは誰かを亡くした後、ひどく嘆き悲しむ状態が落ち着いていくことを知っていますが、同時に私たちに慰める術がないことも、決して身代わりを見つけられないことも知っています。何かがその穴を埋めるにしても、仮にその穴が完全に埋まるとしても、心の穴は何か他の形で残っているのです。そして実際にそうでないといけないのです。私たちが失いたくない愛を永続させる唯一の方法ですから。

愛する人を亡くした後にできる心の穴。私たちはみんな、似たような傷を抱えたまま生きている。ときにはこんな考えに至ることもあるだろう。「愛する人がいない世界で、こうして笑いながら生きていてもいいのだろうか。もしかして、私はあの人を深く愛してはいなかったのだろうか？」と。こんな考えは大概、罪悪感と共にやってくる。

だが、別れに直面し、悲しみに暮れ続けるのは、いい哀悼方法ではない。フロイトの言葉のように、私たちができる最善の哀悼は、むしろ別れの後の世界で、より豊かに笑ったり、泣いたりして生きていくことだろう。なぜなら、それこそが「失いたくない愛を永続させる唯一の方法」だから。喪失による痛みを乗り越え、偉大な作品を残したロラン・バルト、そして愛する家族と日々幸せな思い出を重ねた、私の母のように。

いつだったか、友人とこんな話をしたことがある。若い頃は夜中の電話も嬉しいだけだったのに、今はむしろ突然の電話にビクッとする。こんなふうに、誰にでも出会いより別れが多くなる時期がある。こんな別れは、いくら経験しても慣れることはない。

それでも私たちは、生き続けなければならない。リレーでバトンを受け取ったランナーのように、私たちは目の前に置かれた時間を無駄に過ごすのではなく、精一杯生きないといけない。悲しみを慎み深く分かち合い、慰め合いながら。なぜなら、そうして亡くなった人の分まで最大限努力しながら幸せに生きることが、私たちが愛する人のためにできる最善の哀悼であり、愛情表現だろうから。

不可能な夢を見る勇気

ここに、巨大な風車に向かって突進する一人の男性がいる。両手に槍と盾を持ち、痩せこけた体には、ひどく大きく古びた鎧を纏《まと》っている。またがっている小さな馬は老いぼれ、息を切らしているが、その気勢だけは威風堂々としている。見てくれは変わり者だが、知れば知るほど勇敢で魅力に溢れる人物、まさに私がこよなく愛すキャラクターの一人、ドンキホーテだ。

私はセルバンテスの小説『ドン・キホーテ』を、幼い頃に漫画と文学全集で読んだ。大人になり本の紹介を始めてから、完訳版を初めて手にした。辞典よりも分厚い本が、一巻ではなく、なんと二巻もあり度肝を抜かれた。それでも少し呼吸を整え、巨大な風車へ向かって突進するドンキホーテの意気込みで、果敢に攻め込んだ。

あまりにも膨大な量ではあるが、ドンキホーテとサンチョ従者、そしてロシナンテの愉快で才気溌剌《はつらつ》とした冒険をたどっていくと、自然と体中に勇気がみなぎってきた。彼は「真の騎士」としての義務と特権を、こう説明している。

不可能な夢を見ること。無敵の敵を倒し、耐え難い痛みに耐え、高貴な理想のために死ぬこと。過ちを修正することを厭わず、純粋さと善意を持って愛すること。不可能な夢の中で恋に落ち、信仰を持ち、星に手が届くこと！

不可能な夢を見ること、その夢の中で恋に落ち、信仰を持ち、ついには星に手が届くこと！　ややロマンチックだと思うかもしれないが、今日、私たちにも十分にインスピレーションをくれる言葉だろう。大冒険の果てには、ドンキホーテの墓碑銘が出てくる。

その勇気が空を刺す強靭なイダルゴ（爵位のない下級貴族）、ここに眠る。死神でさえ彼の命を奪い去ることができなかったと気づいた。彼は世の人を蔑《さげす》み、震撼《しんかん》せしめた。

私たちは、『ドン・キホーテ』を通し、不屈の挑戦精神や決断力、信念を貫くための揺るがぬ精神を学ぶことができる。ロシアの小説家ツルゲーネフは、人間をハムレット型とドンキホーテ型の二種類のタイプに分けられるとしたが、考えてばかりで簡単に行動に移せないハムレット型とは異なり、ドンキホーテ型は、失敗を犯すこともあるが、勇気と実行力を備えている。様々なキャラクターを通して、人間の本性を鋭く洞察しているため、文学史上、最も偉大な小説の一つとされている。

ここでドンキホーテの話を持ち出す理由は、彼から学ぶことができる勇気こそ、人生で最も必要な要素であるためだ。勇気がなければ、私たちは何一つまともに行うことができず、無気力な日々を送ってしまうだろう。夢を実現させる意欲さえ出せず、愛する人の前でもただ立ち尽くすことしかできないだろうから。だから、ゲーテはこのように言っている。

財貨を失うのは僅かな損失だ。名誉を失うのはかなり大きな損失だ。しかし、勇気を失うことはすべてを失うことだ。

また、フランスの小説家、ポール・ブールジェはこのように語る。

勇気を出し、考えるままに生きなさい！　さもないと、あなたはいずれ生きるままに考えてしまうだろう。

この格言は、今も人生の岐路に立たされる度に、私の勇気を奮い起こしてくれる。私は時々、知人から執筆に関する講義を依頼される。自分の文章力が高いと思ったことはなく、むしろ他の人から教えを乞うべきではないかと思うくらいだが、講義の際には一点のみ強調している。すなわち、書きたければ、とにかく勇気を出して書いてみるべきだということだ。

実際、物書きでない人間が物書きになるには、相当な勇気が必要だ。人の文章と比較しながら自分で校閲するようになり、読者の視線や評価が怖くもなる。だが、そんなことを恐れていては、結局一生、どんな文章も書き始めることができないだろう。

行動しなさい。何かを行いなさい。ちっぽけなことでも構わない。死が訪れる前に、あなたの生命を意義あるものにしなさい。あなたは無駄に生まれてきたのではない。あなたが何のために生まれたのかを見つけなさい。あなたに与えられた最小限の任務は何か？　あなたは偶然に生まれたのではない。忘れないでいなさい。

ベルナール・ウェルベルの小説『蟻』の文章だ。韓国ではもとより世界中で非常に愛されている作品で、驚くほど想像力が加味された設定と、繊細で感嘆の声がもれるほどの描写に、時間が経つのも忘れるくらい耽読《たんどく》したのを覚えている。誰もが無駄に生まれてきたのではなく、人が生まれてきた任務は、社会や他者が付与するのではなく自分で発見するほかはないという言葉は、私たちに大きな勇気を与えてくれる。

ある人物の勇気が、人類の歴史に多大な影響を及ぼした事例がある。一九七〇年十二月七日、ある塔の下に果敢に跪《ひざまず》いた一人の男性、まさに当時の西ドイツ首相であったヴィリー・ブラントが見せてくれた勇気だ。

第二次世界大戦当時、ナチス・ドイツによる残虐な迫害があったポーランドのワルシャワ。そこに建てられた、ゲットー記念碑前に立った彼は、黙祷と遺憾の意を表する程度で済ませるだろうという予想を裏切り、勇気を出して跪き謝罪したのだった。一国の長である首相として、大きな政治的波紋を呼び起こしえる行動だったが、彼は頭を下げるだけで謝罪できるとは考えられず、勇気を出したと言った。結局、彼の勇気は「跪いたのは一人の人間だが、立ち上がったのはドイツ民族だった」と報道され、韓国では歴史問題で最も優れた模範事例という評価を得ている。

この事例以外にも、社会の不義に立ち向かったり、他人のためにあえて自分が犠牲になったりする人々がいる。自由と平等のために、独立や民主化のために、人種差別や性差別を撤廃するために献身した大勢の勇敢な人々の精神のおかげで、人類は現在まで発展してきたのであり、今後もよりよい世界に発展していくのだろう。

個人のささやかな日常にも、勇気は欠かせない。例えば、私たちが自分自身を変えようとすることにも勇気が要り、誰かに対して間違いを犯し、謝罪する場合にもまた大きな勇気が求められる。そして何より、愛するときにも勇気は間違いなく必要で、その愛する心が勇気を育ててくれることもある。ここで少し、詩人ヨン・ヘウォンの「私の心を染める君の愛」を吟味したい。

君を見つめて生きている。
君を想い
君を愛したら
私には希望が見え
世界のすべてが
まるごと私のものになる。

私の心の中で
かすめた眼差しで笑う君に
たまらなく、たまらなく焦がれ
胸には苦しみではなく
愛を感じたい。

君を愛せないなら
私の心はしきりに、しきりに小さくすぼみ、
みすぼらしくなるから、生きる勇気が出てこない。
この焦がれる想いをもってしても愛することができないなら
どこへ去るにもあてがない。

愛されることがないなら
真っ暗闇に
落ちていくのと変わらない。
私の心を染めゆく

君に愛されたい。

誰でも勇気を出すことができず、逸してしまう愛があるはずだ。自尊心だけを掲げ、謝ることもできず、傷だけが残ってしまう人もいるだろう。そのすべてが、自分自身に勇気がなく弱い心のせいだったと、後になって気づくのだ。

しかし、私たちは愛の前で卑怯になってはいけない。思い切らないといけない。愛なしでは生きる勇気が出てこないという詩人の告白は、言い換えると、私たちに一番大きな勇気を呼び起こしてくれるものは、まさに愛だということなのだ。毎日のように、出勤前に家族がかける「頑張ってね」「いってらっしゃい」という言葉や、友人や恋人に言われる「愛してる」という言葉ほど、私たちの力になるものはない。

詩人の言葉通り、愛なしでは、人生は真っ暗闇に孤独でいるのと同じである。生きていく勇気を失った抜け殻にならないように、私たちは何よりもまず、勇気を持って愛さないといけない。

私たちは、一度しか生きられないのです。

それが日々勇気を出して、誠実に生きなければならない理由です。

誰か他の人生ではなく
ひとえに自分だけの人生を生きられるのだから
もう少し大胆に挑戦するべきです。

負けても失敗しても構いません。
成功はまさにそこから芽を出すのですから。
勇気を出せず何も始められなければ
失敗もないかもしれませんが、成功もないのですから。

勇気は私たちに多くの機会を与えてくれます。
夢と愛を叶え、
失敗を挽回し、関係を回復してもくれます。
また私たちに自信と活気をもたらしてくれます。
だから勇気を出さないという手はありません。
一歩だけ踏み出す勇気があれば

世の中を変え、自分自身を変えられます。

勇気を失わないでください。
諦めないでください。
自分自身の人生と愛する人々のために
今、まさにあなたの前にある勇気をぎゅっとつかんでください。

誰かが自分の人生の意味になりえるか

「スンファン、お前の存在が私の人生最大の意味なんだよ」

いつだったか、人生最大の意味は何かと尋ねたとき、父はこのように答えた。何かじんとくるものもあったが、自分でなく息子の私を、人生最大の意味と言いながら微笑む姿に、心の片隅がチクチクした。

誰にでも、人生の意味がある。それが何なのか即答できない人も、十分に時間をかけて突き詰めて考えれば、間違いなく大切で価値あるものが思い浮かぶはずだ。日々を生きる糧になる、そんな根本的な何かが。もしもそれが何だかよくわからない人は、この一節を読んでみれば、少し助けになるかもしれない。

私たちはお互いを愛し、その愛の感情を覚えていられる限り、私たちを覚えている人々の心の中に、本当の意味で忘れられることなく死ぬことができる。あなたが培ったすべての愛が、すべての記憶が、まだそこにそのまま残っている。死んでも生き続けるんだ。この世にいる間に触れ、温かく抱きしめた、すべての人々の心の中に。

ミッチ・アルボムの『モリー先生との火曜日』の一節だ。韓国はもちろん、全世界で広く愛されたベストセラーのため、読んだことがある人も多いかもしれない。私もかなり深く感銘を受けた本だが、特に、愛の感情と記憶が残るなら、その人々の心に生き続けることができるという文章に、心が震えた。愛する人たちがいれば、死が単なる終わりではないという、人間関係の不滅性と重要性が的確に表現された文章だったから。

あなたは、どのような人として記憶されたいだろうか？　美しい人、意味ある人として記憶される言動をとっているだろうか？　私はこの文章を読みながら、できるだけ多くの人に、心温かく、親切に接していこうと誓った。

『モリー先生との火曜日』は彼が毎週火曜日、大学生の頃に師事していたモリー・シュワルツ教授を訪ね、人生と死の意味についてインタビューした内容を本にまとめたものだ。

当時、モリー教授はルー・ゲリック病（筋萎縮性側索硬化症）を患い、死を覚悟していた。彼はすでに言及した文章のように、「死は生命に終止符を打つが、関係性まで終わらせるものではない」というメッセージを発しながら、私たちが人生をどのように生きていくべきか、自ら悩み、気づけるよう導いてくれている。

無意味な生活のために忙しく走り回る人があまりにも多い。自分たちが大事だと思うことに奔走するときでさえも、そのほとんどは寝ているのと同じ。無駄に何かを追い求めているのだから。人生を有意義に送るには、自分を愛してくれる人のために生きないと。自分が属すコミュニティに奉仕し、自分自身の生きる意味と目的になる仕事作りに専念しないと。

そう。人生に意味を持たせるなら、幸せでなくてはならない。その最大の幸福は、愛を通じて得られる。しかし愛というものは、個人の一方的な感情ではない。誰かを愛し、また誰かに愛されてこそ結ばれる関係のことだ。だから私が愛し、私を愛してくれる人たちのために、そして人生の意味と目的を与えてくれるものに献身することだけが、人生に意味を与えてくれる方法だ。つまり、無意味な生活で忙しく時間を無駄にしたり、人の視線を気にしながら生きる必要はないのだ。

人生の意味は、愛を分け与える方法と愛を受け止める方法を学ぶことだと言うモリー教授。彼の言うように、私たちは愛が重要だと知りながら、愛をどのようにうまく表現し、受け止められるか、深く考えようとしない。

では、生きていく上で、最愛の人は誰だろうか？　以前はわからなかったが、年を重ねるにつれ、家族という存在の大切さに気づかされるようになった。水や空気のように、私のそばにいることが当たり前すぎて、いかに大切かを忘れて過ごしていたとき、家族の大切さを心から感じさせてくれた文章がある。

君の服は、どうすればいいか？　愛する人の死後についてくるこの問いは、今でも数え切れないほど多くの家庭で繰り返されているだろう。（……）その問いは、何の答えも許さない秘密の問いのように、身近な所で続けざまに浮上する。君の服の何枚かを、この文にも掛けておくとするか。

ジョン・バージャーのエッセイ『妻がいない部屋：死後に』の一節だ。ブッカー賞受賞作家であり、画家、評論家でもあった彼が書いた数多くの著書の中でも、私はこの作品が最も好きだ。生涯の伴侶だった妻を看取った後に綴られた、文章と絵で構成された本なのだが、家族の大切さと愛の意味を心から考えさせられる。

私は先ほどの文を読みながら、涙をぽろぽろ流した。妻に先立たれた者たちがしなければならないこと、さらなる人生を歩みながらも、そこにはもう彼女が存在しないという事実に向き合わされる気持ちを考えると、その胸の痛みがひしひしと伝わってきたからだ。君の服の何枚かを、この文にも掛けておこうという言葉、その文章に込められた想いが、私にも痛いほど鮮明に伝わってきた。

そしていつの日か、「お前の存在が私の人生最大の意味だ」と言ってくれた父の言葉が、すとんと腑に落ちたのだ。私の大きな喜びと幸せの源もまた、どこか遠くに掲げられた目標のようなものではなく、父の言葉のように私のすぐ隣に、それもものすごく近い所にあったのだ。

自分だけの楽しみや目標を追求することも、もちろん大切だ。それでも、いつも横で見守ってくれる家族の存在を忘れないでいてほしい。あなたが自分の幸せと家族の幸せの、両方を追い求められることを願う。

あなたは
私の生きる意味です。

あなたのおかげで
善《よ》い世間だと思える心と
親切で優しい心を
育てられたのです。

あなたのおかげで
世間に振り回されず
自分を変えられることなく
傷つかずにいられたのです。

あなたのおかげで
人生に対する正直な態度と
人への信頼を

しっかり学ぶことができたのです。

平凡で取るに足りない私の人生を
幸福と感謝の心を持てるようにしてくれる人。
高貴に輝く一日一日と
温かい感情を持てるようにしてくれる人。

そんなあなたは、まさに私の生きる意味なのです。

心に秘めた海のロマン

ある秋の日。色鮮やかに染まった紅葉を愛でようと、妻と娘と一緒に雪岳山《ソラクサン》に出かけた。そこは、すっかり熟した秋の趣を満喫しようとする大勢の人で賑わっていた。私たち家族のすぐ目の前には、色とりどりの鮮やかな登山服を着て、山を登って行く中年女性たちがいたのだが、落ち葉を見ながら「あら、かわいい！　何でこんなに素敵なんでしょう」と言いながら、落ち葉をお互いの髪に挿していた。

その姿が愛情に溢れていたため、思わず笑みがこぼれてしまったのだが、横にいた娘の目にもまたその姿が素敵に映ったようだった。同じように落ち葉を拾っては「あら、かわいい！」と言いながら、髪に落ち葉を挿す仕草を真似し始めたのだ。その姿があまりにも愛らしく、吹き出してしまった。娘はその日に学んだ「落ち葉がかわいい」という表現を、その後もしばらく使っていた。そのおかげで、また忙しく働く日常に戻っても、道端の落ち葉を目にすると、娘の姿を思い出し、幸せな気分に浸れた。

やはり幸せとは特別なことではなく、このような日常のささやかな喜びやロマンを探すことではないかと思う。それは日々どれほど慌ただしくても、いつだってそこにある。ランチタイムに暇を見つけて散歩することも、お茶を飲みながら友人と会話をすることも、寒い冬に愛する人の凍てついた手に、温かい息を吹きかけてあげることも、日常の喜びでありロマンなのだ。ほんの少しの余裕を持つだけでも、無味乾燥な日常はずっと潤う。


ふと、こんな考えがよぎる。こんなにも頑張ってきて、問題なく生きているはずなのに、なぜこんなに虚しいのかと。私は今、しっかり生きているのか、どうすればこれからしっかりやっていけるのか、次々と浮かぶ疑問や後悔の念に、寝返りばかり打つのだ。そんな日には後悔が身に沁み、思わず涙がこぼれたり、悔しさで頭がいっぱいになり、気持ちが折れる。

私が何を忘れて生きているのか、何を探すべきなのかと悩むとき、私たちに必要なものは、日常の喜びやロマンなのだろう。『ハフポストコリア』編集長でもある作家キム・ドフンは『私たち、これからロマンの話をしよう』でこのように述べている。

世界は鬱病で溢れている。人々は鬱病の薬を飲む。それはただ憂鬱だからではない。脳が送信する不可避で不可逆的な信号のせいである。それを告白するというのは、病院に自分の足で行くというのは、自分を再び元気にし、世界との再接続ポイントを探す強い意志だ。そのような人に必要なのは、優しさである。優しさがあなたの友人を救うことはないだろう。優しさは世界を救うこともないだろう。でも私たちは世界を救える小さな可能性を、まず優しさから見つけられるのだ。結局、私たちはちっぽけな人間だ。ちっぽけな人間は、最終的にどのような方法であれ、お互いの心に耳を傾けながら世界を生きていく。

ロマンというのは、単に昔の思い出を懐かしむことではない。このように世の中を、そして自分の人生や他人の人生を、優しく見つめる態度のことだろう。

ロマンという言葉を聞いたとき、どんな考えが浮かぶだろうか？　今、誰かを愛しているとすれば、その人と築いていくロマンがあるだろう。その他にも、昔の愛の記憶、家族と幸せに過ごした時間、旅行先で自由を満喫した瞬間など、様々なロマンがあるはずだ。私はロマンを考えるとき、ゴヤやターナーの絵、そしてゲーテ、ハイネ、バイロンのような作家たちを思い出す。まさにロマンという言葉を誕生させ、ロマン主義の芸術を花開かせた芸術家たちである。

ロマン（浪漫）という言葉は、日本の作家夏目漱石がロマンチシズム（Romanticism）を当て字で表現したもので、特に漢字に込められた意味はない。今日では、現実に捉われることなく、夢や空想の世界に憧れを抱き、感傷的かつ理想的に世界を眺めることを意味する。積極的に個性を表現する時代であるほど、私たちが自由で広い思考力を持ち、理想を追求できるようにする力をロマンは与えてくれる。

ロマン主義は十八〜十九世紀のヨーロッパを席巻した芸術運動である。その時代以前にヨーロッパを支配していたものは、論理と理性、均衡を追求する厳格な古典主義の思潮だったが、ロマン主義はこれに反駁《はんばく》しながら登場した。美しさは客観的な理性や均衡ではなく、主観的な感性によるものだと考えられたのだろう。

この時期の代表的な作品が、ゲーテの書簡体小説『若きウェルテルの悩み』である。愛に落ちた感情が細かく描写された、今でもとても人気のある作品だ。この本に、ロマンチックな人生について描写する文章がある。

すべてが結果的にどうなるのかを傲慢にならずに見抜ける人がいる。自分の小さな庭を美しい楽園に仕上げることを知っている幸せな市民や、不幸せに重荷を背負ってもへこたれることなく自分の道を歩き続ける人、そして、誰もが同じように陽の光を一分でも長く拝みたいと願うことをよく理解できる人。——まさしく、そういう人は多くを語らないが、自分の中から自分の世界を作りあげ、人間として生きているから幸福なのだ。こういう人は、どんなに制約を受けていようとも、心に自由という素晴らしい感情を持っている。出ようと思えばいつでも好きなときに、監獄のようなこの世界から出ることができるという、そんな自由な感覚のことだ。

世界が監獄のようでも、自分が望めばいつでも自由を取り戻せるという感覚。それはまさにロマンだろう。心ときめかせてくれるロマンは、遠くにあるのではない。個人が自分だけのささやかな幸福を探すこと、例えば小さい鉢植えを育てること、就寝前に本を読むこと、自ら余裕を見つけ出すことすべてがロマンなのだ。

いくら困難な状況に置かれても挫折することなく、他人の評価ではない自分の感情に従い、自分だけの美しさ、自分だけの道を一歩一歩追い求める幸せ探しは、ロマンチックな人が備える、驚くべき能力なのだ。

人生が退屈でもどかしいなら、人生の小さなロマンを探してみてはどうだろうか？　歩んできた過去や遠い未来ではなく、まさに今、今日、私たちの目の前にあるロマンを。今日のロマンを楽しめれば、灰色一色に見えた人生もいつの間にか原色を取り戻せると悟れるはずだ。

しなやかな体つきとぽんぽん弾むスプリングのような歩み、体中からみなぎる躍動感、生命への挑戦と自信。どれも素晴らしいが、青春が美しい理由は、おそらくまだロマンを失わず、甘い恋に落ちる年齢だからだろう。

チャン・ヨンヒ教授の『今朝祝福のように花吹雪が』の文章だ。この文が私の心を一層動かしたのは、作家の生い立ちを詳しく知ってからである。

作家は、生後一年で小児麻痺一級障害者に認定され、小学校三年になるまで母親におぶわれ通学していたという。そんな厳しい現実にあっても、西江《ソガン》大学英文学科を経て、ニューヨーク州立大学オルバニー校で英文学の博士号を取得し、西江大学教授に就任し教鞭を執るに至った。しかし苦難は続き、二〇〇一年には乳がん、二〇〇四年には脊髄がんと肝臓がんまで告知された。あの文章を一人噛みしめながら味わっていると、凄まじい人生を送ったにもかかわらず、青春の美しさを謳う作家の温かい心が伝わってくる。

作家は、「青春が美しい理由は、おそらくまだロマンを失わず、甘い恋に落ちる年齢だからだろう」と言う。この言葉を言い換えれば、誰でもロマンを忘れず甘い恋をし続けることができるなら、青春が楽しませてくれる人生の美しさもまた、味わい続けることができるという意味ではないだろうか？　私たちがみんな、それぞれのロマンの海を心に秘めながら、いつでも自由に遊泳する美しい人生を生きられることを願っている。

そして人生は輝く

「息子よ、いくら現状に不満でも、人生は本当に美しいものなんだよ」

もし愛する妻と子どもと強制収容所に監禁されたら、どんな気分だろうか？　想像するだけで残酷で、決して世界を美しくなど思えないだろう。こんな逆境に置かれても、父親は子どもが笑顔を失わないよう、精一杯こう語りかける。「それでも人生は本当に美しい」と。今日まで屈指の名作とされる映画『ライフ・イズ・ビューティフル』のワンシーンだ。

映画の台詞にあるように、誰でも美しい人生を送りたいはずだ。しかし、世の中にはつらいことや困難なことが多すぎて、なかなかその美しさを満喫できない。私たちは外見的な美にはいくらでも気を遣うが、内面の美を磨くことはおざなりにしている。

では、どうすれば真の美を見つけられるのだろうか？　今は物質的な豊かさと美しいもので溢れる時代だが、そのように目に見えるもの、物質的な豊かさだけでは、先の答えは見つからない。そんなことは誰もが本能的にわかっている。説明のつかない虚しさを感じているから。だからその答えを探して本を読んだり、哲学や歴史を勉強したりするのだ。

私はまずその答えを、芸術の世界に求めてみた。文化や芸術がまさに美しく花開いたルネッサンス期。中世の闇をくぐり「個人」が生まれ、人生とその美しさについて盛んに考察がなされた時期である。


ルネッサンスを代表する芸術作品といえば、まずフィレンツェのドゥオモが思い浮かぶ。フィリッポ・ブルネレスキという偉大な建築家が設計した作品で、美しい丸天井が特徴的な大聖堂だ。彼は遠近法を研究し、芸術史的に多大な影響を及ぼした。面白い点は、彼がドゥオモを設計することになったきっかけが、「失敗」だったという事実だ。

一四〇一年、サン・ジョヴァンニ洗礼堂の木製扉を青銅扉へ交換することになった際、門に刻むレリーフを担当する彫刻家を選ぶ公募展が開かれた。我こそはと彫刻家たちがこぞって参加したこの公募展は、それこそ当時最高峰の彫刻家を選定する大会だった。ブルネレスキは、この公募展で最終審査まで残ったが、結局彫刻家のギベルティに敗北を喫した。ギベルティの作品は、ミケランジェロから「天国の入り口のように非常に美しく、その前にずっと立っていたい」と言う称賛を得、「天国の門」と言う別称まで付けられた。

残念な結果に終わったブルネレスキだったが、この失敗に引きずられることはなかった。彼はローマへ赴き古代建築を研究し、再びフィレンツェに戻り、誰の手にも敵わなかった作品サンタ・マリア・デル・フィオーレ大聖堂のドームを完成させたのだ。一回の失敗に屈することなく、新たな挑戦に挑み、偉大な建築家として名を残した彼の情熱にふさわしい人生は、十分に美しかったと言えるだろう。


人生の美しさを話しながら、ルネッサンスとフィレンツェのドゥオモの話を持ち出したのは、実は私がその場所に憧れを抱いているからである。きっかけは、小説『冷静と情熱のあいだ　Rosso』だった。江國香織と辻仁成という、二人の小説家が、それぞれ女主人公と男主人公の立場で書いた作品は、映画化されるほど愛された。

フィレンツェのドゥオモには、一度もいったことがない。いつかいきたいと思っていた。愛するひととのぼるのだと。

（……）

あのとき私は、普段に似ず勇気をかきあつめて言った。私にしてみれば、生れてはじめての愛の告白だったから。

フィレンツェのドゥオモにのぼるなら、どうしてもこのひととのぼりたい。そう思ったのだった。

順正は、いかにも順正らしい屈託のなさで約束してくれた。

――いいよ。二〇〇〇年の五月か。もう二十一世紀だね。

（……）

ずっと、順正といるのだと思っていた。私たちの人生は別々の場所で始まったけれど、きっとおなじ場所でおわるのだと。

美しさの話は、愛なしでは語れないだろう。この文章を読みながら、私はフィレンツェのドゥオモに憧れを抱くようになった。愛を誓い、私たちはときにこんな約束をする。いつ、どこどこで、きっと会おう。約束がほとんど守られなくても、そんな約束をする瞬間のまっすぐな心だけは、きらきらと輝く、美しいものだろう。私にもあったあの頃の初々しい姿が思い出されると、クスッと笑みがこぼれてしまう。

私たちが美しいと感じる愛は、情熱だけではない。人間として愛する人類愛もまた、この上なく美しい。『九歳の人生』という本を知っているだろうか。随分前にあるテレビ番組で紹介された、人気作家ウィ・ギチョルの小説だ。一九六〇年代、慶尚道《キョンサンド》の山里を背景に、九歳の坊やの目線で、貧しく疎外された彼らの日常を愛情豊かに描き出している。現在と状況は随分異なるが、私たちは今でもこの本を通じ、精神的な豊かさを見つける術を学べるはずだ。

　人は決して侘しく孤独な存在ではない。お互いに力となり慰めとなる。
　そして人生は美しく輝く。

そう。人生を美しくするのは、このように「お互いに力となり慰めとなる」ときだろう。人生は一緒に分かち合うとき、より美しく輝くものだから。同じ番組で紹介された小説から、花の美しさを人生と結びつけて表現した、心に届く文章も紹介したい。

　腰を伸ばし周囲を見渡してみると、所々陽が射し込んだ場所に芽がちょこちょこ顔を出していた。ドンスは、その草が日当たりもよくない工場地帯の片隅で、長い冬をどう耐え忍んだのか不思議だった。そして、まだひ弱なタンポポの芽が、窮屈な鉄門の隙間に根を下ろして、つぼみをつけられるか心配になった。それでもタンポポの黄色い花がすごく見たくなった。ドンスはタンポポのそばにしゃがんだ。そして指で塀の下にほこりのように溜まっていた土をかき集めて、根の上を覆いながら言った。

「どうやってあの長い冬を耐えられたの？　寂しかった？　でもこうして芽を出してきたんだから嬉しいよね？　あちこち友達もいっぱいだ。

ねえほら、見て。この工場の隣にも、そこの道を渡った鉄工所の前にも君の友達がいるじゃない。僕もすごく寂しくてつらかったけど、友達がいたからもう大丈夫だよ。僕たち友達になろうよ。ここは狭くて息が詰まるかもしれないけど、我慢して元気に育つんだよ。毎朝、僕が遊んであげるから」

私はこの本を読み、涙が溢れた。この小説『ケンイブリマルの子どもたち』は、「ケンイブリマルは、仁川《インチョン》で最も古くからある貧困地域だ」という文章で始まるのだが、経済成長の裏で取り残された力ない人々の姿を憐むような同情的な視線を向けることなく、淡々と描き出した作品である。読めばきっと感動することだろう。寒さに枯れたと思っていたタンポポが、美しい花をまた咲かせようと厳しい冬を耐え忍んだ姿に、私たちは時代を超えて人生の美しさを感じられるから。

私は特に「僕もすごく寂しくてつらかったけど、友達がいたからもう大丈夫だよ。僕たち友達になろうよ」と言う主人公の言葉に、どんな状況にあっても、一緒に慰め合える誰かがいるなら、人生をいくらでも輝かせることができると気づかされた。

『九歳の人生』と『ケンイブリマルの子どもたち』で描かれた状況は現状と大きく異なる。当時を知らない人々が、今この本を読んだらどんな感想を持つか気になるが、私は時代を超越した話の力を信じている。


ここまで私たちは、人生を美しくするものを詳しく見てきた。美しさはブルネレスキのように、諦めない情熱にも見ることができるし、恋人の美しい愛にも認めることができる。あるいは『九歳の人生』や『ケンイブリマルの子どもたち』のように、厳しい状況下でもお互い声を掛けることで滲み出す美しさもある。これらに共通点が一つあるとすれば、すべての美しさは過去や未来ではなく、今ここにあるという点だろう。

ピュリッツァー賞を受賞した詩人メアリー・オリバーは、エッセイ『完璧な日々』で美しさをこのように表現している。

冬の朝、霜から嬉しい限りの便りが聞こえてくる。それがなぜ美しいのか、それを直感できることは、一生、季節が変わる度に、私たちに与えられている機会であり喜びである。

今日、何回青空を見上げただろうか？　雲はどんな模様だっただろうか？　出退勤時に、道端に咲く野花に目を留めただろうか？　私たちは日々、美しさを見過ごして生きている。SNSに収められた写真だけが、美しいわけではない。詩人たちの言葉通り、季節の変化にも美しさは秘められている。芸術作品の鑑賞や文学作品の読書も同じ。重要なことは、そうやって私たちが日々の美しさを発見できる眼識を養うことなのだ。様々な日常の美しさを楽しんで生きていければ、私たちはみんな美しい花になり、芳《かぐわ》しい香りを全世界に放つことができるはずだから。

君と僕、私たちはこの世界で共に

いつからか、一人で食事をすることが増えた。大学時代は、一緒に食べる人がいなければ食事を抜くことも多かったが、会社に勤めるようになってからは、徐々に一人にも慣れてきた。私のような人間が増えたのか、今では「一人酒」「お一人様」のような言葉が日常的に用いられ、食堂には一人用のメニューも多くなった。一人でいても気まずく思わないで済む。周囲を見渡しても一人世帯が非常に増えたことがわかるが、消費スタイルや住居形態、人々の認識もそれに合わせて変化するのは自然なことだ。

集団だけが強調された文化から個人を尊重する文化へ変わる現象は、十分歓迎されるべきだ。しかし、どんなことにも明るい面があるなら、暗い面もある。お互いに何の関心も持たず、ただ社会的に孤立する人たちが現れ、最近では誰にも知られずに一人で死に至る孤独死の事件も耳にする。独りが好きで一人でいるなら構わないが、望んでもいないのに孤立してしまう人が増えるのは問題だろう。では、私たちは「一人」と「一緒」の間で、どうバランスをとればいいのだろうか?

実際、私たちにはその両方が必要不可欠だ。人は個別的な存在であると同時に、社会的な存在で、世の中の誰も一人では生まれることも、生きていくこともできない。私たちの名前は、ひたすら誰かに呼ばれるときに意味を持つ。ロビンソン・クルーソーのように、無人島に漂着することでもない限り、他者と共に人間関係を築きながら生きていくしかない。愛や友情など、生きていく上で真に重要な価値があるものには、他者の存在は欠かせない場合が多い。だから心理学者であり大衆哲学者のスヴェンド・ブリンクマンは『哲学が必要なとき』で、私たちを「関係的存在」と言っている。

他人に関心を持たなければならない理由は、人生が相互依存的だからです。人生は、基本的に他の人と何らかの形で関係を結ぶことであり、それによってその人の人生の何かを自身の手に取らせることです。

愛し合う二人が会ったとき、最初にするのはお互いの手を握ること。ブリンクマンは、私たちの人生もまたこのように、他の誰かに手を差し伸べ、また差し出された手を取る旅だと語る。手を差し伸べ合い、その手を握ることがまさに人生だとする文章は、私たちが関係的存在だという事実を裏づけながらも、美しくそれを描写している。

だがこのような社会性や関係性の強調は、決して以前のように大家族や、集団主義に回帰すべきだという意味ではない。個人の性格や趣向、自由を尊重しながらも共存する新しい関係が必要だということだ。

価値を共有できる、新たな共同体を築かないといけない。それは趣味活動を共にする小さな集まりになるかもしれないし、分け与えることやボランティアを通して社会に寄与する集まりになるかもしれない。どんな形態であれ、途切れることなく他の人との関係を結び、共同体を作ることが大切なのだ。幸せになるためには、なぜ一人ではなく、誰かと共にいなければならないか、エーリッヒ・フロムは『愛するということ』で次のように説明している。

自分自身と他人への愛に「分業」などありえない。一方、他人を愛することは、自分自身を愛する条件となる。

幸せになりないなら、自分自身を愛しなさい。私たちは今までこんな言葉を何度も聞いてきた。だが、フロムはその正反対の立場を取る。他の人を愛すればこそ、自分自身を愛することができると。彼がこのように話す理由は何だろうか？　幼い子の姿を少し思い浮かべてみれば、その説明がつく。

赤ちゃんは自分自身を愛したり、愛を学んだ後に誰かを愛し始めたりはしないだろう。まず両親や家族など、他の人を愛する過程を通し、愛を学ぶのだ。すなわち、愛とは初めから外部の対象へ向けられている行動なのだ。これを指し示しているフロムは、愛は個人的な感情ではなく、誰かと共にする行動であり、一人で落ちるのではなく、共に参加するものだと語っている。

愛は受動的な感情ではなく活動である。愛は「参加するもの」で、「落ちるもの」ではない。最も一般的に愛の能動的な性質を語るなら、愛は本来「与えること」で、「受けるもの」ではないと説明することができる。

愛や人間関係、幸福についての洞察に満ちた哲学エッセイ『愛するということ』は、一九五六年に出版され、六十年あまり経った今日まで多くの人々から愛されてきた。一人が強調される今日、私たちがもっと人間関係について悩み、正しく人を愛することを学ばないといけない理由をうまく説いている。一人でいたいときもあるが、寂しくはなりたくない。私たちは結局誰かを愛し、感情や日常を共有しながら過ごすことで、生きていると実感し、幸福を感じる生き物だから。

愛と人間関係の重要性について、再度考えさせられる経験をしたことがある。ある日外回りを終え、直帰しようとしていたところ、地下鉄の駅前で雑誌『ビッグイシュー』を売る販売員が目に留まった。一冊買おうか、ただ通り過ぎようか、悩んでいたのだが、ちらりと雑誌の裏に手紙のようなものが付いているのが見えたのだ。ふと、どんな内容なのか読みたくなり、その雑誌を買ってみた。

手紙には、手書きで一日の出来事が書かれていた。読み始める前までは、どうせ暗く悲しい内容だろうと思っていたのだが、そんな考えはすぐに蹴散らかされたのだった。ときには淡々と、ときには感性的に描写された日記形式の文章は、立派な一編のエッセイだった。世間と人々に向けられた関心や、温かい眼差しが感じられる素晴らしい文章だった。

知らず知らずに抱いていた偏見が、とても恥ずかしくなった。

翌日、私はまた前日の地下鉄駅前に行ってみた。そして挨拶をしながら、慎重に手紙を読んだ感想を述べた。その人は明るく笑いながら、あれこれ話をしてくれた。そして楽しく会話をしてみると、その人の顔がまるで違って見えたのだ。それ以降、その地下鉄駅前には、ただのホームレス出身の雑誌販売員ではなく、顔を見れば挨拶を交わし、お互いの人生の話もできる一人の友人が立っていた。

私たちは、歓待により社会の仲間入りを果たし、人になる。人になるということは、席／場所を持つことである。歓待とは席を与える行為である。（……）私たちを人にしてくれるのは抽象的な観念ではなく、私たちが日々他者から受けるもてなしなのだ。

こんなことがあった後、キム・ヒョンギョンの『人、場所、歓待』を再びひもといてみると、本当に大きく頭を縦に振ってしまった。もし私が雑誌の付録の手紙を読まず、販売員と会話をしていなければ、私は今でも偏見の目であの人を見ていただろう。しかし、手紙を読み、会話をしたことで、ようやくあの人を一人の人間であり、共に社会を生きていく同志として見ることができたのだ。

このように私たちは、この世界で共存している。そして生きていくすべての存在には、当然幸せになる権利があるのだ。だが真の幸福を得るためには、大切なものに心を注ぎ、愛することを知らなければならない。愛することを知る者だけが、愛をしっかり受けることができるから。

自分が愛する人の姿を、今一度思い浮かべてほしい。家族、友人、恋人、職場の同僚……。私たちが毎日会う人々と愛情を持って、気楽にやりとりできたとき、初めて私たちは幸せだと言えるのだ。いくらその他のすべてが順調でも、大切な人とすれ違うなら、いとも簡単に不幸に陥ってしまう。誰も、一人では幸せになれない。嬉しいときや悲しいとき、それを共に話せる存在が私たちには必要だから。

だから日々人生がつらいと感じるなら、
一人苦しまず
自分が愛する、自分を愛してくれる人たちに
一歩近づいてください。

その人もつらいかもしれないのに、

相談なんかして、迷惑ではないか、
そんなふうに一人悩まないでください。

肩を借りて心を打ち明け、
またあるときは自分の肩を差し出しながら、
悲しく困難なことがあれば
慰め、慰められてください。

誰かに愛されることを望むなら
勇気を出してまず愛さないといけません。
なぜなら愛は
愛を注ぐとき一層大きくなるものだからです。

そうやってこの世を生きていくすべての人が
共に幸せになれますように。
本当に、大きな幸せを手に入れられますように。

臆病がらず、怖気づかず
進んで愛を捧げてください。
それがまさに自分を愛する最高の方法で
私たちみんなが幸せになれる、最も確実な方法ですから。

人生の書ではなく、人生の文章である理由

〈The Book Man〉の運営を始め、早七年が過ぎました。「美しい文章に、心温められますように」というSNSのキャッチフレーズのように、良文を通じ、この索漠《さくばく》とした人生に、少しでも温もりや慰めの言葉を届けられないかと思って始めたことでしたが、ありがたいことに、本当に多くの方の激励と愛を受け、むしろ私が力をいただきました。

私は少し内気な性格で、単に読書し、良文を人に紹介するのが好きな平凡な者でした。本を広げると時間が経つのも忘れて読み耽り、美しい文に巡り合うと、胸のどこかが熱くなりました。

考えてみれば当然のことです。そこにはある人の人生と、そこにまつわる深い話が溶け込んでいるのですから。私はその文章を羅針盤にして人生

の進む方位を探し、つらくて視界が悪くなる度にいつも慰められ、希望を取り戻していました。

〈The Book Man〉を始めた目的も同じで、私が覚えた感動を共有したいという願いからです。その時間は、心から歓喜と驚異の連続でした。本と文章を媒体として、老若男女、様々な方が似たような感情を抱き、慰め合う姿を目にしたのですから。あたかもこの世には存在しなかった、特別な共同体のように。

このようなことが可能になったのは、何よりも良著、良文を残してくれた素晴らしい作家たちの功績に他なりません。ある作家は悲しみや孤独を、またある作家は歓喜を文章に込めました。

不思議にも良文を読んでいると、魔法の呪文を唱えるかのように、文に込められた喜怒哀楽の感情がすっかりそのまま伝わってきます。だから、一人の人生とあらゆる感情が込められた文章が、たとえ数行に過ぎない短いものでも、他の人にとっては無限の感動を与える「人生の文章」となるのでしょう。

中には、読みかけた本は最後まで読まなければ読書とは言えないとする考えや、多読の重要性だけを盛んに強調する人々もいます。ですが、読書の楽しみ方を知るためには、こんな偏見は捨てるべきだと思うのです。

たった一冊の本や何ページか読んだだけの本からでも「人生の文章」を発見できるなら、その本以外にどれほど多読したかなど、関係ないのですから。まさにこのような理由から、私は本書でも「人生の書」ではなく「人生の文章」を紹介しようと決めたのです。

『私が望むことを私もわからないとき』は、私一人の力で書いた本ではありません。多くのインスピレーションをくれた数多の作家と、彼らの魂が込められた文章、何よりもその文章に共に笑い、泣いてくれた読者のみなさんのおかげで、至らない私が勇気を出してこの本を完成させることができました。

この本に携わる間、心から幸せでした。好きな本、また多くの人に愛された文章を再び読み返し、本が持つ治癒力について改めて反芻することができました。みなさんもこの本を通して、凍てついた心を溶かす温かい文章、自分の心を理解してくれる文章に出会い、人生が変わる経験をされますよう、心より願っています。

2020年1月

チョン・スンファン

訳者あとがき

小笠原藤子

チョン・スンファンさんに初めてお会いしたのは、二〇一九年、陽射しの気持ちいい昼下がり、ソウルにあるこぢんまりとした書店だった。キャップにジーンズというラフな格好で、少しはにかみながら挨拶されたのを覚えている。当時は日系企業に勤めるかたわら、執筆活動をされているとのことだった。日本には出張でも時々訪れるらしく、日本での出版を非常に喜ばれていたのが印象的だった。彼がSNSを通じ発信し続ける感性溢れる文章が人気となり、本のセラピストとして発表した処女作『自分にかけたい言葉　～ありがとう～』（拙訳・講談社）は、韓国で三十万部を突破。その後も創作活動を続け、韓国では出版から一ヶ月で五万部を超え、短期間で二十万部を達成している本作でも、読者に優しく寄り添いながら、時々強いメッセージを放ちつつ熱く語る口調は健在だ。

本書は、単なる本の紹介に終わるのではなく、筆者のエピソードを交えながら独自の解釈を加えている。また、所々に自分の詩を添え、筆者のメッセージ性を強めている。筆者と同じような悩みを抱えている読者に、筆者が癒やされた文章を贈ることで、読者も癒やされることがあれば嬉しい、という想いで綴られており、その意図は随所に感じられる。

もちろん、文学研究者からは、この短い引用文から全体の流れは見えない、など批判の声も浴びかねない。実は、それが今回翻訳を担当して経験した困難の極みでもあった。特に日本語で訳書が出ている場合は、それをそのまま抜き取りたい気持ちをぐっとこらえた。つまり、翻訳は前後の文脈で意訳されることがあるため、一部だけを切り取ってしまうと、韓国語の訳、ひいては著者の意図を損ねてしまう可能性があるからだ。また、韓国語と日本語の訳書に大きな隔たりが見受けられる際は、可能な限り原書に当たり、原書の意図を理解したうえで、著者の意図が伝わるように訳出を心がけた。また時間的制約もあり、原書や訳書に当たれなかったものについてだが、引用文だけではさすがに「私たち」なのか「僕たち」なのか「我々」なのか、主語の性別や年齢、性格、身分等による口調の判別ができなかった。このような意味で、特に引用部分に関しては、記載されている韓国語や訳書と齟齬《そご》が見られることがあるとご了承いただきたい。

大変な作業ではあったが、各言語のお国柄は興味深かった。韓国語訳では副詞が加わり、熱量が多く感じられ、日本語はさっぱりした印象だった。また、日本で出版されている訳書が何冊にも及ぶ場合は、時代により使われる日本語も大きく異なり、言語の変遷が感じられた。翻訳の大切さと責任を改めて学べた一冊であった。

引用箇所を読んだだけでは、原書の意図がわからないとご不満の読者は、ぜひ原書または訳書を手にとっていただきたい。筆者も語るように、世界の名著をすべて読む時間もなければ、何から手をつけていいかもわからない私たちに、きっかけを与えてくれているのが本書だ。ぜひ、心に響く一冊を見つけていただきたい。

また訳出にあたり、いつも悩み、今回はほとんどそのまま残した言葉がある。それは「ロマン」である。この言葉の日韓の温度差は大きい。日本人と比較すると、韓国人は些細なことにも感動し、感受性豊かに表現する。だから、初雪が降ると感傷的になり、息子の帰りを寒空の下で待ってくれた母を思わず抱きしめ、すぐに涙腺が緩み、本書にあるように「個人が自分だけのささやかな幸福を探すこと、例えば小さい鉢植えを育てること、就寝前に本を読むこと、自ら余裕を見つけ出すことすべてがロマン」になるのだ。ここで「ロマン」という訳をあえて残したのは、日本人が使う日本語としての「ロマン」との違いを感じ取ってもらいたかったためだ。状況によってこの「ロマン」は様々な日本語に置き換えられる。

このように日本語と韓国語は、漢字語を含め、似たような単語は多いものの、実はそれに内包される意味や熱量が異なることは少なくない。また本書の著者のように、韓国人の中でも感性豊かな人であれば、何度も同じことを熱弁する。もしかすると日本人には少々しつこい繰り返しに感じられるかもしれない。その辺りも、ワンシーンに時間をかける韓流ドラマを観るように、素直で熱い心が何度も歌い上げられるK－POPの歌詞のように、楽しんでもらえたらと思う。

最後になるが、毎回、翻訳の際に全面的に解釈に付き合ってくれるチェ・ヒョニさんにこの場を借りて感謝したい。彼女は文学に造詣が深く、私の翻訳が決まると同時に本を購入してくれるほど協力的だ。彼女の的確な説明に、どれだけ助けられたかわからない。また、引用箇所のために共に悩み、奔走し、細かい校正のアドバイスも含め、最後まで全力投球してくださった編集の安田遥さんには、感謝の念を禁じ得ない。

1章

12 夏目漱石著／ソン・テウク訳『吾輩は猫である』（ヒョナム社／2013年）

13 チョン・ホスン著「底について」『この短い時間に』（チャンビ／2004年）

15 シン・ヒョンチョル著『悲しみを学ぶ悲しみ』（ハンギョレ出版／2018年）

16 チョン・ジェチャン著『詩を忘れた君へ』（ヒューマニスト／2015年）

19, 21 アラン・ド・ボトン著／チョン・ヨンモク訳『不安』（原題 Status Anxiety）（ウネンナム／2011年）

23 ソン・スソン著『一人の私が一人の君へ』（アルタス／2012年）

25 キム・ドンヨン著『私だけを癒やすもの』（タル／2010年）

27 キム・ミンチョル著『あらゆる曜日の旅』（ブックライフ／2016年）

28 ロマン・ガリ（エミール・アジャール）著『これからの一生』（原題 La vie devant soi）（タサンブックス編集部）

32 ウ・ジョンヨン著『私は木のように生きたい』（中央m&b／2001年）

34, 37 ライナー・マリア・リルケ著／キム・ジェヒョク訳『若き詩人への手紙』（高麗大学出版部／2006年）

35 キム・ジョンサム著「漁夫」『太鼓を叩く少年』（シインセンガク／2013年）

36 パウロ・コエーリョ著／キム・ミナ訳『魔法の瞬間』（原題 Magical Moment）（チャウムグァモウム／2013年）

41 ホ・スギョン著『君なしで歩いた』（ナンダ／2015年）

41 ペク・ソク著「白い風壁があって」『白石評伝』（タサンブックス／2014年）

43 チョン・ホスン著「水仙花へ」『水仙花へ』（ピチェ／2005年）

46 キム・ヨンス著『君が誰であろうとどんなに寂しかろうと』（文学ドンネ／2007年）

49 エーリッヒ・フロム著／ファン・ムンス訳『愛するということ』（原題 The Art of Loving）（文芸出版社／2019年）

50 エリック・ホッファー著／パン・デス訳『路上の哲学者』（原題 Truth Imagined）（イダメディア／2014年）

51 セーレン・キルケゴール　brainyquote.com/quotes/105030

53 浅田次郎著／ヤン・ユンオク訳『王妃の館』（全二巻）（ブックスキャン／2010年）

55 パク・ヨンジュン著『騒乱』（ブックノーマッド／2014年）
61 コン・ジヨン著『コン・ジヨンの修道院紀行』（全二巻）（プンド出版社／2014年）
63 ミケランジェロ・ブオナロティ goodreads.com/author/quotes/182763
66 キム・ソヨン著『心の辞書』（マウムサンチェク／2008年）
67 キム・ヒョンギョン著『人、場所、歓待』（文学と知性社／2015年）
69 マーク・マンソン著／ハン・ジェホ訳『神経を遣わない技術』（原題 The Subtle Art of Not Giving A F*ck）（ギャリオン／2017年）
70 クリステル・プチコラン著／イ・セジン訳『私は考えが尽きない』（原題 Je Pense Trop）（ブーキー／2014年）
73 ペク・チャンウ著
「焼酎を飲んだから話すわけじゃない」『行き止まりからまた道は拓ける』（シノリム／1996年）
76 シャルル・ボードレール著「酔え」『パリの憂鬱』（タサンブックス編集部）
78 チョン・スンファン著「今日は一杯やらないか」『自分にかけたい言葉 ～ありがとう～』（ハミングバード／2016年）

2章

83 ファン・ギョンシン著／キム・ウォン絵「もしかしたら君は」『夜十一時』（ソダム出版社／2013年）
86 パク・ノヘ著「冬の愛」『だから君、消えたりしないで』（ヌリンゴルム／2010年）
89 孔子著／キム・ヒョンチャン訳「子罕」『論語』（ホンイック出版社／2016年）
90 ナタリー・クナップ著／ユ・ヨンミ訳『不確かな日々の哲学』（原題 Der unendliche Augenblick）（アクロス／2016年）
92 チョ・ビョンファ著「散歩」『愛の野宿』（トンムンソン／1993年）
95 ジャン=ジャック・ルソー著／チン・インヘ訳『孤独な散歩者の夢想』（チェクセサン／2013年）
96 イ・エギョン著『涙を止めるタイミング』（ハミングバード／2013年）
101 ウィリアム・シェークスピア著／シン・ジョンオク訳『ハムレット』（チョネウォン／2007年）
103 チョン・ホスン著「初雪が降る日に会おう」『草の葉にも傷がある』（ヨルリムウォン／2002年）
104 イ・ヘイン著「時間の贈り物」『イ・ヘイン詩全集一』（文学思想社／2013年）
107 マルセル・プルースト著／キム・ヒヨン訳『失われた時を求めて 一』（ミヌム社／2012年）
109 ヘンリー・デイビッド・ソロー著／カン・スンヨン訳『ウォールデン』（原題 Walden）（ウネンナム／2011年）

111 岸見一郎著／オ・グンヨン訳『愛とためらいの哲学』（チェクインヌンスヨイル／2019年）
113 オスカー・ワイルド goodreads.com/quotes/491041
114 キム・グァンソク youtube.com/watch?v=0HMTS4jcLu4
115 ヴィクトール・ユゴー著／ユン・セホン訳「ある詩人へ」『ユゴー詩選』（チマンジ／2018年）
117 パク・ウンヒョン著『八つの言葉』（ブックハウス／2013年）
120, 121 吉本ばなな著／キム・ナンジュ訳『おとなになるってどんなこと?』（ミヌム社／2015年）
123 ヘルマン・ヘッセ著『デミアン』（タサンブックス編集部）
124 アンナ・メアリー・ロバートソン・モーゼス著／リュ・スンギョン訳
『人生に遅すぎることはない』（原題 Grandma Moses: My Life's History）（スオ書斎／2017年）
128 辻仁成著／ヤン・ユンオク訳『愛をください』（ブックハウス／2004年）
130 チョン・ヒジェ著『もしかしたら私が一番聞きたかった言葉』（ギャリオン／2017年）
133 マルセル・プルースト goodreads.com/quotes/33702
135 ハンス・クリスチャン・アンデルセン著／ペ・スア訳『アンデルセン童話集』（ハミングバード／2015年）
136 イ・ビョンリュル著『惹かれる』（タル／2005年）
137 アラン・ド・ボトン著／チョン・ヨンモク訳『旅の技術』（原題 The Art of Travel）（チョンミレ／2014年）
138 キム・ヘナム著『三十歳、心理学に問う』（ギャリオン／2008年）
141 オプラ・ウィンフリー goodreads.com/author/quotes/3518
145, 146 村上春樹著／ユ・ユジョン訳『ノルウェイの森』（文学思想社／2000年）
148 ガブリエル・ガルシア＝マルケス著／チョ・グホ訳『語るために生きる』（原題 Vivir para contarla）（ミヌム社／2007年）
150 イ・ヘイン著「思い出日記二」『イ・ヘイン詩全集一』（文学思想社／2013年）
153 金城一紀著／キム・ナンジュ訳『恋愛小説』（ブックフォリオ／2006年）
156 ホメロス著／チョン・ビョンヒ訳『オデュッセイア』（スプ／2015年）
157 ガストン・バシュラール著／クァク・グァンス訳『空間の詩学』（原題 La Poétique de l'espace）（トンムンソン／2003年）
161 イ・ムンジェ著「冗談」『帝国ホテル』（文学ドンネ／2004年）
163 ホ・スギョン著『君なしで歩いた』（ナンダ／2015年）

164 チョン・ヨンチョル著「ある日ふと」
https://m.blog.naver.com/PostView.nhn?blogId=youngjin1960&logNo=221572850758&proxyReferer=https:%2F%2Fwww.google.com%2F

170 ハン・グィウン著『夜を歩く文章』（ウェイルブック／2018年）

171 キム・ヨンテク著「月が出たと電話をくださるなんて」『君、ひたむきな愛』（プルンスプ／2002年）

173 ホ・スギョン著「夜に横になった君へ」『こん畜生、冷たい心臓』（文学ドンネ／2011年）

179 ヴィスワヴァ・シンボルスカ著／チェ・ソンウン訳「何事も二度は」

183 フリードリッヒ・ニーチェ著／アン・ソンチャン、ホン・サヒョン訳
「愉しい学問」『愉しい学問・メッシーナ牧歌・遺稿』
（原題 Die fröhliche Wissenschaft・Idyllen aus Messina・Nachgelassene Fragmente）（チェクセサン／2005年）

3章

187 イ・ヨンチェ著「一人でいるしかなかった理由」『The Love Letter』（チャンヒョン文化社／2000年）

189 スコット・フィッツジェラルド著／キム・ウクドン訳『グレート・ギャツビー』（ミヌム社／2010年）

191 アーネスト・ヘミングウェイ著／アン・ジョンホ訳『移動祝祭日』（原題 A Moveable Feast）（ミヌム社／2019年）

195 ハン・ヘイン著『ある特別だった一日』（シゴン社／2003年）

197 曽野綾子著／キム・ウク訳『人間の分際』（チェクインヌンコヤンイ／2016年）

199 アンディ・アンドリューズ著／イ・ジョンイン訳
『フォンダさんの偉大な一日』（原題 The Traveler's Gift）（セジョンソジョク／2011年）

202 シム・スンドク著／ト・ジョンファン編
「母はそれでもいいんだと思っていました」『君の愛に包まれて休みたい』（チョウンセンガク／2000年）

206 ジュール・エバンス著／ソ・ヨンジョ訳
『人生を愛する技術』（原題 Philosophy for Life : And other dangerous situations）（ザ・クエスト／2018年）

207 シン・ギョンスク著『どこかで私を呼ぶ電話が鳴って』（文学ドンネ／2010年）

210 ウンベルト・エーコ著／イ・ユンギ訳『薔薇の名前』（全二巻）（ヨルリンチェクドゥル／2009年）

213 エーリッヒ・フロム著／ファン・ムンス訳『愛するということ』（原題 The Art of Loving）（文芸出版社／2019年）

215 アントワーヌ・ド・サン＝テグジュペリ goodreads.com/author/quotes/1020792

218 チャン・ヨンヒ著『私の生涯一度きり』（セムト社／2010年）
220 プラトン著／カン・チョルウン訳『饗宴』（EJブックス／2014年）
221 イ・ドウ著『私書箱110号の郵便物』（シゴン社／2016年）
224 ピ・チョンドゥク著「縁」「長寿」『縁』（セムト社／2002年）
228 アントワーヌ・ド・サン=テグジュペリ著『星の王子様』（タサンブックス編集部）
230 ユ・アンジン著『芝蘭之交を夢見て』（抒情詩学／2011年）
232 ジャン・グルニエ著／イ・ギュヒョン訳『アルベール・カミュ——思い出すままに』（原題 Albert Camus）（ミヌム社／1997年）
233 キム・ヨンハ著『語る』（文学ドンネ／2015年）
237 アルフレッド・アドラー著／ホン・ヘギョン訳『アドラーの人間理解』（原題 Menschenkenntnis）（ウルユ文化社／2016年）
238 キム・ヨンス著『世界の果て、彼女』（文学ドンネ／2009年）
243 アラン・ド・ボトン著／チョン・ヨンモク訳『なぜ私はあなたを愛するのか』（原題 Essays In Love）（チョンミレ／2007年）

4章

247 アヤーン・ブラホマー著／リュ・シファ訳
『酒に酔った象を手なずける』（原題 Who Ordered The Truckload of Dung?）（ヨングムスル社／2013年）
249 ベルベル・ヴァルデツキー著／トゥ・ヘンスク訳
『君は私を傷つけることはない』（原題 Souverän und selbstbewusst: Der gelassene Umgang mit Selbstzweifeln）（コンヌンナム／2013年）
250 キム・スヒョン著『私は私のままで生きることにした』（マウメスプ／2016年）
250 フリードリッヒ・ニーチェ著／アン・ソンチャン、ホン・サヒョン訳
「愉しい学問」『愉しい学問・メッシーナ牧歌・遺構』
（原題 Die fröhliche Wissenschaft・Idyllen aus Messina・Nachgelassene Fragmente）（チェクセサン／2005年）
251 ニコス・カザンザキス brainyquote.com/authors/nikos-kazantzakis-quotes
253 ロラン・バルト著／キム・ジンヨン訳『喪の日記』（コンヌンナム／2018年）
255 ワン・ウンチョル著『哀悼礼讃』（現代文学／2012年）
258 ミゲル・デ・セルバンテス著／パク・チョル訳『ドン・キホーテ』（全二巻）（シゴン社／2015年）

259 ヨハン・ヴォルフガング・フォン・ゲーテ http://azquotes.com/quote/776255

260 ポール・ブールジェ goodreads.com/quotes/538125

260 ベルナール・ウェルベル著／イ・セウク訳『蟻』（全五巻）（ヨルリンチェクドゥル／2001年）

262 ヨン・ヘウォン著「私の心を染める君の愛」『愛しているから 君に届ける百日のプロポーズ』（チョウンセンガク／2003年）

268, 269 ミッチ・アルボム著／コン・ギョンヒ訳『モリー先生との火曜日』（サルリム／2017年）

270 ジョン・バージャー／イブ・バージャー共著／キム・ヒョンウ訳『妻がいない部屋：死後に』（原題 Flying Skirts: An Elegy）（ヨルファダン／2014年）

276 キム・ドフン著『私たち、これからロマンの話をしよう』（ウェイルブック／2019年）

277 ヨハン・ウォルフガング・フォン・ゲーテ著／パク・チャンギ訳『若きウェルテルの悩み』（ミヌム社／1999年）

279 チャン・ヨンヒ著『今朝祝福のように花吹雪が』（セムト社／2010年）

283 江國香織著／キム・ナンジュ訳『冷静と情熱のあいだ Rosso』（ソダム出版社/2015年）

285 ウィ・ギチョル著『九歳の人生』（青年社／2004年）

285 キム・ジュンミ著『ケンイブリマルの子どもたち』（チャンビ／2001年）

288 メアリー・オリバー著／ミン・スンナム訳『完璧な日々』（原題 Long Life）（マウムサンチェク／2013年）

290 スヴェンド・ブリンクマン著／カン・ギョンイ訳『哲学が必要なとき』（原題 Standpoints: 10 Old Ideas in a New World）（タサンブックス／2019年）

292 エーリッヒ・フロム著／ファン・ムンス訳『愛するということ』（原題 The Art of Loving）（文芸出版社／2019年）

294 キム・ヒョンギョン著『人、場所、歓待』（文学と知性社／2015年）

＊URLは2021年4月現在のものです。

訳書があるものも、韓国語タイトルを訳して記しているものがあります。詳しくは原題をご参照ください。

私が望むことを私もわからないとき

見失った自分を探し出す人生の文章

カバーイラスト　西山寛紀
日本語版デザイン　芝 晶子（文京図案室）
校正　麦秋新社
編集　安田 遥（ワニブックス）

本書にある引用文は、日本語版の出版にあたり韓国の版元DASAN BOOKSによって著作権解決の手続きを完了させています。

チョン・スンファン　著
小笠原藤子　訳

2021年5月2日　初版発行
2024年2月20日　3版発行

発行者　横内正昭
編集人　青柳有紀
発行所　株式会社ワニブックス
〒150-8482
東京都渋谷区恵比寿4-4-9 えびす大黒ビル
電話　03-5449-2711（代表）
03-5449-2716（編集部）
ワニブックスHP　http://www.wani.co.jp/
WANI BOOKOUT　http://www.wanibookout.com/

印刷所　株式会社美松堂
製本所　ナショナル製本

定価はカバーに表示してあります。
落丁本・乱丁本は小社管理部宛にお送りください。送料は小社負担にてお取替えいたします。ただし、古書店等で購入したものに関してはお取替えできません。

ISBN 978-4-8470-7027-3　Printed in Japan

내가 원하는 것을 나도 모를 때 (WHEN I DON'T KNOW WHAT I WANT)